264

Merve Verlag

François Cheng

Fülle und Leere

Die Sprache der chinesischen Malerei

Aus dem Französischen von Joachim Kurtz

Merve Verlag Berlin

Originalausgabe:
Vide et plein. Le langage pictural chinois
Editions du Seuil, Paris 1991

Diese Buch erscheint mit freundlicher Unterstützung der Kulturabteilung der Französischen Botschaft in Berlin.

Printed in Germany
Druck- und Bindearbeiten: Dressler, Berlin
Umschlagentwurf: Jochen Stankowski, Dresden
ISBN 3-88396-198-1
www.merve.de

Inhalt

Danken möchte ich an dieser Stelle von ganzem Herzen meinem Lehrer Jacques Lacan, der mich veranlaßt hat, Laozi und Shitao wiederzuentdecken; Pierre Ryckmans, der mir die Genehmigung erteilt hat, längere Abschnitte aus seiner meisterlichen Übersetzung von Shitaos Propos sur la peinture *(Bemerkungen über die Malerei) zu zitieren; François Wahl und Jean-Luc Giribone, deren sorgfältige Lektüre für mich unverzichtbar war; sowie Nicole Lefèvre, Janine Lescarmontier, Daniel Glorel, Brigitte Demaria und allen anderen, die mitgeholfen haben, daß dieses Buch Wirklichkeit werden konnte.*

Paul Demiéville, der das französische Manuskript des vorliegenden Werkes gelesen und korrigiert hat, verstarb als die Schrift im Druck war. Es sei mir gestattet, diese bescheidene Arbeit seinem Andenken zu widmen.

Vorwort

Aus Anlaß der Taschenbuchausgabe scheint es angebracht, einige Präzisierungen hinsichtlich der Konzeption des Werkes vorzunehmen. Wie sein Titel andeutet, verfolgt dieses Buch das eher bescheidene Ziel, die chinesische Malerei als eine darstellende Sprache zu begreifen und deren Funktionsprinzipien herauszuarbeiten. Entsprechend ist seine Herangehensweise in erster Linie strukturell und nicht historistisch. Es ist uns selbstverständlich nicht verborgen geblieben, daß die chinesische Malerei eine Geschichte hat (mit der sich viele gelehrte Werke unermüdlich auseinandergesetzt haben), daß diese Geschichte Entwicklungen durchgemacht hat, und daß die hier beobachteten Tatsachen daher nicht alle zur gleichen Zeit entstanden sind. Dennoch haben wir uns dafür entschieden, uns dies eine Mal einer ausschließlich chronologischen Sichtweise zu entziehen, die die Abfolge der Fakten aufzeichnet, ohne das geringste Detail auszusparen. Schließlich ist die chinesische Malerei zwar in einem spezifischen Zusammenhang entstanden, dann aber gewachsen wie ein Baum. Wurzelnd in einer ideographischen Schrift (die durch ihre Übersetzung in die Kalligraphie den Gebrauch des Pinsels privilegierte und die Tendenz förderte, Elemente der Natur in Zeichen zu verwandeln) und sich beziehend auf eine ausgebildete Kosmologie, enthielt diese Kunst von Anfang an die Bedingungen ihrer Entfaltung, selbst wenn sich gewisse „Möglichkeiten“ erst mit einiger Verspätung zeigen oder verwirklichen sollten. Dies allein rechtfertigt eine pauschale analytische Herangehensweise. Darüber hinaus bieten sich die der chinesischen Ästhetik eigenen Begriffe, wie etwa die Kombination von Einheiten zu Paaren, die Unterscheidung verschiedener Ebenen, usw., einer strukturalen Analyse gleichsam natürlich an. Das chinesische Denken zur Ästhetik, das auf eine organizistische Auffassung des Universums gegründet ist, stellt bekanntlich eine Kunst vor, die seit jeher darauf aus ist, einen ganzheitlichen Mikrokosmos nachzuempfinden, in dem sich das vereinigende Wirken des Geist-Hauchs durchsetzt, und wo die Leere selbst, weit davon entfernt, gleichbedeutend mit dem Unscharfen oder Zufälligen zu sein, als der innere Ort erscheint, wo sich das Netzwerk des Lebensatems formiert. Wir begegnen damit einem System, das eher aus der Integration aufeinanderfolgender Zusätze als aus Brüchen hervorgegangen ist. Nicht weniger trägt der Pinselduktus, dessen Kunst von den Malern zum äußersten Grad der Verfeinerung gebracht wird und der in dem Maße Einheit und Vielheit verkörpert, in dem beide eins werden mit dem uranfänglichen Hauch und allen seinen Metamorphosen, zur Beständigkeit einer signifikanten Praxis bei, die unermüdlich vorangetrieben worden ist.

Als Denken in Aktion ist die Malerei auf diese Weise zu einer der höchsten Ausdrucksformen chinesischer Spiritualität geworden. Durch sie haben Chinesen versucht, das Geheimnis der Schöpfung zu entschlüsseln und daraus eine authentische Lebensweise zu gewinnen. Aus diesem Blickwinkel betrachtet, mag die vorliegende Studie letztlich etwas behandeln, das über die schlichten Anliegen von Kunst hinausweist.

François Cheng
Januar 1991

Einführung

In China nimmt die Malerei unter allen Künsten den höchsten Rang ein.[1] Sie ist Gegenstand einer wahrhaftigen Mystik, denn in chinesischen Augen ist es die bildende Kunst, die wie keine andere das Geheimnis des Universums offenbart. Aufgrund des ganz eigenen Raums, den sie besetzt, und dank des lebendigen Atems, den sie erzeugt, erscheint die Malerei mehr noch als die Dichtung, jener andere Gipfelpunkt der chinesischen Kultur, geeignet, die Vielfalt der Schöpfung nicht bloß zu beschreiben, sondern selbst an den „Gesten" der Schöpfung teilzunehmen. Neben religiösen Tendenzen, vor allem aus der buddhistischen Tradition, wird auch die Malerei als eine sakrale Praxis betrachtet.

Grundlage dieser Malerei ist eine fundamentale Philosophie, die präzise Vorstellungen von Kosmologie, menschlicher Bestimmung und dem Verhältnis von Mensch und Universum entwirft. Als praktische Anwendung dieser Philosophie stellt die Malerei eine besondere Lebensweise dar. Sie

1 Die Vorrangstellung der Malerei wird in allen chinesischen Schriften nachdrücklich bestätigt. Aus den Arbeiten abendländischer Kunsthistoriker können wir die Bemerkung P. Swanns: „Die Chinesen sehen in der Malerei die einzige wahre Kunst" oder die Äußerung W. Cohns anführen: „Seit alters her haben die Chinesen in der bildenden Kunst eine der erhabensten Manifestationen des schöpferischen Genius des Menschen gesehen. Ihre Malerei ist eine Summe ihrer Auffassungen vom Leben."

strebt danach, nicht einfach nur einen Repräsentationsrahmen zu schaffen, sondern einen medialen Ort, an dem wahres Leben möglich ist. In China sind Kunst und Lebenskunst ein und dasselbe.

Aus diesem Blickwinkel heraus hat das ästhetische Denken Chinas das Schöne stets im Verhältnis zum Wahren begriffen. Um den Wert eines Kunstwerks zu beurteilen, unterscheidet die Tradition drei Grade der Exzellenz: *nengpin*, „ein Werk von erlesenem Talent“, *miaopin*, „ein Werk von wunderbarem Wesen“, und, als höchsten Grad, *shenpin*, „ein Werk von göttlichem Geist“.[2] Greift man zur Definition der ersten beiden Grade, *nengpin* und *miaopin*, auf eine Vielzahl von Kennzeichen zurück, die sich mitunter auf den Begriff des Schönen beziehen, so verwendet man den Terminus *shenpin* ausschließlich für ein Werk, dessen unbenennbare Qualität im Zusammenhang mit dem ursprünglichen Universum zu stehen scheint. Das Ideal, welches chinesische Künstler beseelt, ist die Verwirklichung eines lebendigen Mikrokosmos, in dem der Makrokosmos von selbst wirksam werden kann.

Das vorliegende Buch versucht, die wesentlichen Grundgedanken dieses ästhetischen Denkens vorzustellen. Sein Standpunkt und seine Methode sind zeichentheoretisch. Wir werden uns folglich weder damit zufrieden geben, diese oder jene Passage aus den theoretischen Abhandlungen zu übersetzen oder zu kommentieren, noch damit, schlicht die Fachwörter aufzuzählen, die in der Kunst der Malerei Verwendung finden. Die theoretischen Abhandlungen sind in

2 Es gibt, sozusagen „außer Konkurrenz“, noch einen weiteren Grad: *yipin*, „ein Werk von spontanem Genius“. Auch bei diesem Grad geht es darum, das angeborene Einverständnis zwischen Mensch und Natur hervorzuheben.

einem vorgegebenen kulturellen Kontext entstanden; sie beinhalten implizite Anteile, die explizit gemacht werden müssen. Genausowenig sind die technischen Termini isolierte Elemente; sie bilden ein organisches Ganzes, mit unterschiedlichen Ebenen und eigenen Kombinationsgesetzen. Unser Bemühen ist es, die internen Strukturen dieses Gedankensystems und dieser Praxis herauszuarbeiten und gleichzeitig beider Funktionsprinzipien zu erläutern. Das Buch besteht aus zwei Teilen. Der erste ist einer allgemeinen Darstellung gewidmet: ausgehend von einem zentralen Begriff – dem der Leere – werden wir die Organisation verschiedener, aufeinander bezogener Konzepte aufzeigen, dank derer die bildende Kunst ihre volle Bedeutung erlangt. Im zweiten Teil werden wir das gleichermaßen theoretische wie praktische Werk eines einzelnen Malers betrachten, um das reale Funktionieren dieser Kunst zu veranschaulichen. Manche Passagen im zweiten Teil werden sich, weil sie den Inhalt des ersten in gewisser Weise bestätigen sollen, den Vorwurf der Wiederholung gefallen lassen müssen. Solche Wiederholungen erscheinen jedoch insofern als nützlich, ja sogar unverzichtbar, als sie uns erlauben, bestimmte Begriffe aus unterschiedlichen Blickwinkeln zu betrachten.

*

Neben seinen theoretischen Interessen verfolgt das Buch ein praktisches Ziel, nämlich, Lesern dabei zu helfen, die chinesische Malerei angemessen zu würdigen. Es erscheint daher nützlich, hier die großen Linien in der Entwicklung der chinesischen Malerei seit Gründung des Kaiserreichs zwei Jahrhunderte vor unserer Zeitrechnung nachzuzeichnen. Erinnern wir zunächst daran, daß die lange Geschichte des chinesischen Kaiserreichs, die Abfolge der Dynastien, vom Wechsel zwischen Perioden der Einheit und Perioden der Teilung geprägt ist. So beginnt etwa nach den Dynastien Qin und Han (2. Jh. v. Chr.–2. Jh. n. Chr), die die Einheit Chinas begründen, eine Zeit der Unsicherheit, die auf innere Konflikte und Barbareninvasionen zurückzuführen ist. Diese Phase (4. Jh.–6. Jh.) ist die Periode der sogenannten „Nördlichen und Südlichen Dynastien", während der Chinas Norden von Barbaren besetzt ist, die sich auf der einen Seite zum Buddhismus bekennen und auf der anderen Seite die chinesische Kultur annehmen. Erst unter der mächtigen Dynastie der Tang (7. Jh.–9. Jh.) wird China erneut vereinigt. Nach drei Jahrhunderten versinkt diese Dynastie ihrerseits in Anarchie. Es folgt eine Ära der Teilung, die als Periode der „Fünf Dynastien" bekannt ist (10. Jh.). Diese Phase endet mit dem Aufstieg der Song (10. Jh.–13. Jh.). Auf kulturellem Gebiet erreicht die Song-Dynastie einen Glanz, der dem der Tang vergleichbar ist. Allzu bald wird sie allerdings von den unaufhörlichen Angriffen der Stämme Liao und Jin aufgerieben, die die Song zwingen, sich nach Süden hinter den Fluß Yangzijiang zurückzuziehen. Nach dem Fall der Song ist China zu stark geschwächt, um dem blitzartigen Einfall der Mongolen widerstehen zu können; die Mongolen gründen eine neue Dynastie, die Yuan (13. Jh.–14 Jh.). Auf die Yuan folgen die letzten beiden großen Dynastien der Kaiserzeit: die Ming (15. Jh.–17. Jh.) und Qing (17. Jh.–19. Jh.); letztere gegründet von Mandschuren, die sehr schnell sinisiert werden.

Die Malerei entwickelt sich während dieser ganzen langen Geschichte kontinuierlich fort. Obgleich ihre Entwicklung von den Geschehnissen bedingt wird, folgen ihre Wandlungen eigenen Gesetzen. Perioden der Teilung und Unordnung sind dem künstlerischen Schaffen keineswegs weniger zuträglich, da sie Lockerungen und Phasen der Infragestellung mit sich bringen. Zwei Strömungen, die sich wechselseitig begünstigen, beseelen die Malerei: eine religiöse Tendenz, bestimmt durch die Malerei, die aus dem Taoismus und später dem Buddhismus hervorgeht; und eine Richtung, die, auch wenn sie sich als „profan" versteht, doch, wie bereits erwähnt, nicht weniger von Spiritualität geprägt ist. Insofern sie ein originelles ästhetisches Denken praktisch umsetzt, wird diese zweite Strömung das Objekt unserer Studie sein.

Es wird im allgemeinen nicht bestritten, daß Gu Kaizhi (345–411) aus der Jin-Dynastie (265–420) der erste bedeutende, namentlich bekannte Maler der chinesischen Geschichte ist. Mit einer erstaunlichen Autorität und technischen Meisterschaft errang Gu für die Malerei eine Stellung unübertroffener Wertschätzung, die sie seitdem nicht mehr eingebüßt hat. Dieser Aufstieg war selbstverständlich keineswegs zufällig; vorweg ging ihm eine künstlerische Tradition, die schon damals sehr alt war. Aufgrund von schriftlichen Dokumenten und materiellen Zeugnissen wissen wir, daß Paläste, Tempel und königliche Gräber während der gesamten Periode der feudalen Zhou-Dynastie (1121–256 v. Chr.), der sogenannten „Zeit der Kämpfenden Staaten" (453–221 v. Chr.) und des ersten Reiches der Qin und Han (221 v. Chr.–220 n. Chr.) mit prächtigen Wandgemälden geschmückt waren, die religiöse und moralische Themen behandelten. Darüber hinaus besitzen wir eine Anzahl von Gemälden auf Seide und ein bedeutendes Muster für Gravuren auf Ziegeln, die es uns erlauben, eine Kunst zu begreifen, die in Strichführung wie Komposition gleichermaßen originell war.

Nach dem Zusammenbruch der Han-Dynastie fand das geteilte und von Barbaren bedrohte chinesische Reich unter der Jin-Dynastie zu einem kaum mehr als prekären Frieden. Der Zustand von Unordnung und Krise begünstigte bedeutsame Bewegungen im Denken. Anstelle des Konfuzianismus, der einen vorübergehenden Niedergang erlebte, triumphierten der Neutaoismus und der in China neu eingeführte Buddhismus. Beide Denkströmungen bewirkten eine wahrhaftige Explosion in verschiedenen Bereichen des künstlerischen Schaffens: in der Kalligraphie ebenso wie in Malerei, Skulptur, Architektur, usw. Die alles überragende Figur in der Malerei der Epoche war eben jener Gu Kaizhi. Er verstand es, in seinen Werken die Errungenschaften der Vergangenheit zu bewahren und gleichzeitig neue Elemente aufzunehmen, namentlich die technischen Fortschritte in der Kalligraphie und die kühne Einbildungskraft der buddhistischen Kunst. Mit der Synthese, die er inmitten einer ebenso überschwenglichen wie glänzenden Epoche zustandebrachte, zeichnete Gu der chinesischen Malerei ihren weiteren Weg vor, der geprägt sein sollte vom Zusammenspiel verschiedener Denkströmungen, die einander unaufhörlich durchdrangen und wechselseitig befruchteten. Unglücklicherweise ist keines seiner Wandgemälde erhalten. Wir können die Erhabenheit seiner Kunst lediglich aus einem von ihm verfaßten Entwurf zu einem Gemälde mit dem Titel „Notiz zur Malerei des Berges von der Wolkenterrasse“ und zwei berühmten Rollbildern erahnen, die ihm nachträglich zugeschrieben wurden: „Die Göttin des Luo-Flußes“, das in China aufbewahrt wird, und „Ermahnung für die Hofdamen“, das sich im British Museum befindet.

Für die Periode nach Gu, die sogenannten „Nördlichen und Südlichen Dynastien“ (420–589), während der China zweigeteilt war, und der kurzen Sui-Dynastie (589–618), können wir eine Reihe von bedeutenden Malern anführen: Lu Tanwei, Zong Bing, Zhang Sengyu und Zhan Ziqian. Allerdings kennen wir ihre Werke nur aus den Schriften späterer Historiker, insbesondere aus dem tangzeitlichen *Lidai minghua ji* („Geschichte der Malerei unter den aufeinanderfolgenden Dynastien") des Zhang Yanyuan. Trotzdem wird Zhan Ziqian ein berühmtes Gemälde zugeschrieben: „Frühlingsspaziergang", welches allgemein als das erste Werk der chinesischen „Landschaftsmalerei" bezeichnet wird.

Die Tang (618–907)

Der Aufstieg der Tang markiert den eigentlichen Beginn der klassischen Periode. Die Wiedervereinigung des Landes und die Reorganisation des Staates führen zu beispielloser Prosperität. In der Folgezeit manifestiert sich eine außergewöhnliche Aufwallung von Kreativität in allen Bereichen der Kunst: Poesie, Musik, Tanz, Kalligraphie und Malerei.

Der Stil dieser Epoche ist gekennzeichnet vom Bündnis zweier anscheinend wiedersprüchlicher Ansinnen: auf der einen Seite einem Bedürfnis nach Strenge, das den Versuch verrät, Kriterien festzulegen und Regeln zu kodifizieren; auf der anderen Seite einer Suche nach Vielfalt, die von verschiedenen, gleichzeitig auftretenden Tendenzen belegt wird, deren „ideologische" Wurzeln auf die drei Hauptströmungen des Denkens, Konfuzianismus, Taoismus und Buddhismus, zurückgehen. In Wirklichkeit ist der Widerspruch nur scheinbar, denn das Festlegen von Kriterien und

Kodifizieren von Regeln, so wie man beides damals verstand, waren immer nur darauf ausgerichtet, eine Art zusammenfassender Bilanz aller möglichen Ausdrucksformen aufzustellen, die den Künstler zur Reflektion darüber einlud, woran er die Bedeutung seiner Werke in aller Freiheit und nach den Prinzipien einer vollständig bewußten Schöpfung ausrichten sollte.

In rein technischer Hinsicht ermöglichen die Studien und die im Verlauf der vergangenen Jahrhunderte erzielten Fortschritte den Malern, zur vollen Reife ihrer Mittel zu gelangen. In der Kunst des Pinselstrichs zum Beispiel, dem technischen Fundament der chinesischen Malerei, steht dem Künstler, um sich auszudrücken, nun eine ganze Palette von verschiedenartigen Strichen zur Verfügung, deren Namen oft sehr bildhaft sind: „Rattenkopf", „Schlangenschwanz", „ausgerissener Nagel", „im Stil der kleinen Streitaxt", „abgewickelte Hanffaser", usw. Die Liste sollte in der Folgezeit um immer neue Nuancen bereichert werden, bis sie am Ende der Ming ihre äußerste Ausgefeiltheit erreichte. Auch die Kunst der Farbgebung entwickelt sich in entscheidender Hinsicht weiter. Die meistgeschätzten Harmonien sind diejenigen von „Grün und Blau" (oder „Jade und Gold"). Zur gleichen Zeit setzt sich jedoch auch die Tuschmalerei in China durch, die dank der Anregungen des Maler-Dichters Wang Wei auf Anhieb eine ebenso wirkungsvolle wie subtile Form findet. Die Kompositionsregeln ihrerseits tendieren zu immer größerer Strenge und Komplexität, sowohl in der Kunst der Fresken- als auch in der Seidenmalerei.

In Entsprechung zu den drei bestimmenden Strömungen des Denkens – konfuzianisch, taoistisch und buddhistisch –, in denen der chinesische Geist greifbar wird, beginnen sich bereits zu dieser Zeit drei Tendenzen der Kunst herauszubilden: eine realistische, eine expressionistische und eine impressionistische. Sie sind es, die die gesamte Geschichte der chinesischen Malerei beseelen sollten. Die realistische Richtung ist von Anfang an (seit dem Beginn der Tang) von zwei Brüdern geprägt: Yan Lide und Yan Liben (tätig 627–683), die sich im Genre des erbaulichen Porträts auszeichnen. Etwas später verhelfen der bedeutende Maler Li Sixun (651–716) und sein Sohn Li Zhaodao (tätig 670–730) durch ihre ebenso detaillierten wie grandiosen Darstellungen der Repräsentation von Landschaften zu Ehren. In die gleiche realistische Linie sind außerdem noch Cao Ba und Han Gan einzuordnen, zwei Spezialisten der Pferdemalerei, sowie Zhang Xun und Zhou Fang, die für ihre Genregemälde berühmt wurden.

Der Großmeister der expressionistischen Richtung ist ohne jeden Zweifel Wu Daozi (701–792). Selbst eine schillernde Persönlichkeit, widmet sich Wu gleichermaßen der Figuren- (er dekorierte zahlreiche taoistische und buddhistische Tempel) und Landschaftsmalerei. Mit einer Technik, die durch ausladende Pinselschwünge eine kraftvolle und rhythmische Linienführung hervorbringt, ist er ein glühender Verfechter einer spontan und schnell ausgeführten Malerei.

Immer noch in der gleichen expressionistischen Spur können wir ferner die Namen Lu Lengjia, ein Schüler des bekannteren Wu, sowie Wang Xia nennen, der eine Technik der „verspritzten Tusche“ einführt, in der augenscheinlich nur im Zustand vollständiger Trunkenheit gemalt werden konnte. Nur in Ermangelung eines treffenderen Ausdrucks haben wir uns des Adjektivs „impressionistisch“ bedient, um die dritte Hauptströmung der Tang-Malerei zu charakterisieren. Tatsächlich handelt es sich bei diesem für die chinesische

Kunst so typischen Stil um eine Art der Malerei, die sich zierlicher, zum Teil ineinander verschmolzener Striche und einer subtil abgetönten Tusche bedient, und die vor allem danach strebt, die Schattierungen einer Landschaft in ihren unendlichen Nuancen zu erfassen und die verborgenen Schwingungen von Objekten einzufangen, die in dem unsichtbaren „Atem“ schwimmen, von dem das Universum beseelt wird. Was diese Malerei zu übersetzen versucht, ist in Wirklichkeit ein *Seelenzustand*, insofern dieser immer das Resultat einer langandauernden Meditation ist. Es ist daher nicht verwunderlich, daß diese Richtung von Wang Wei (699–759) begründet wurde, der zugleich Maler und Dichter, vor allem aber ein bedeutender Anhänger des *Chan-* (oder japanisch: *Zen-*) Buddhismus war.

Die Fünf Dynastien (907–960)

Das intensive künstlerische Schaffen, das unter den Tang einsetzt, sollte unter den Song weiter verfolgt und vertieft werden. Als entscheidend für die Entwicklung der chinesischen Malerei entpuppte sich unterdessen ein kurzes Interregnum zwischen den Tang und Song (die Zeit der sogenannten „Fünf Dynastien“). In dieser Periode der Teilung und gnadenloser Machtkämpfe, während der kurzlebige Dynastien einander in rascher Folge abwechseln (unweigerlich denkt man an die Phase nach dem Zusammenbruch der Han), lebten einige der größten Künstler, deren sich China rühmen darf: ihre Werke, die von den erhabensten Visionen zeugen, sollten sich für die nachfolgende Malerei als bestimmend erweisen.

Trotz der prekären oder sogar tragischen Umstände, in denen sie lebten – und zweifellos gerade deshalb –, verstanden es diese Maler, in der Kunst Antworten auf ihre dringendsten Fragen zu finden. Durch die Darstellung grandioser oder mystischer Landschaften, mit denen sie dem Geheimnis des Universums und des menschlichen Verlangens Ausdruck verliehen, begründeten sie die große Tradition der Landschaften, die bekanntlich zur Hauptströmung der chinesischen Malerei werden sollte.

Einige unter diesen Meistern bemühten sich, die ausgezehrten Horizonte im Norden Chinas festzuhalten, andere die vielfältigeren und üppigeren Landschaften des Südens. Die herausragenden Vertreter der „nördlichen" Schule sind gewiß Jing Hao (tätig 905–958) und Guan Tong (tätig 907–923), die in Li Cheng (tätig 960–990), Fan Kuan (tätig 990–1030) und, zu einem gewissen Maß, Guo Xi (tätig 1020–1075) bewundernswerte Nachfolger fanden; letztere zählen zu den größten Malern der Nördlichen Song. Unter den „südlichen" Künstlern sind vor allem Juran (tätig 960–980) und Dong Yuan (tätig 923–976) zu nennen, die bereits vor dem Niedergang der Nördlichen Song in Erscheinung treten.

Neben den Landschaften werden weitere Genres unverwandt in Ehren gehalten. So erlebt die Hofmalerei in den Königreichen der Südlichen Tang und der Westlichen Shu eine Blütezeit. Beide Regionen erfreuten sich dank ihrer geographischen Randlage eines relativen Friedens. Zahlreiche Herrscher, die sich als Kunstliebhaber oder selbst als Künstler verstanden, förderten das künstlerische Schaffen durch die Gründung von Akademien für Malerei, die zum Vorbild der berühmten Akademie der Song werden sollten. Unter den Malern, die sich in diesem Zusammenhang besonders hervortaten, sollte man für die Personenmalerei die Namen Zhou Wenju und Gu Hongzhong in Erinnerung rufen, für die Darstellung von Flora und Fauna diejenigen von Xu Xi und Huang Quan.

Die Song (960–1279)

Mit den Song beginnt die eigentliche Blütezeit der chinesischen Malerei. In der Nachfolge der Tang-Künstler und der Großmeister aus der Zeit der Fünf Dynastien, deren entscheidenden Einfluß wir soeben unterstrichen haben, sollten die Maler der Song die bildende Kunst auf einen nie zuvor erreichten Grad von Raffinement und Perfektion heben. (Man könnte den einzigartigen Reichtum dieser Periode vielleicht mit dem des italienischen Quattrocento vergleichen.)

Die Geschichte der Song ist von einem brutalen Einschnitt gekennzeichnet, der sich aus der Invasion des Nordens Chinas durch den zentralasiatischen Stamm der Jin ergab. Gewöhnlich teilt man die Song in zwei Perioden: die der Nördlichen (960–1127) und der Südlichen Song (1127-1279). In der ersten Periode, die unter dem Zeichen der wiedergefundenen Einheit stand, macht sich auf allen Gebieten eine erstaunliche schöpferische Dynamik bemerkbar. Die bedeutenden Strömungen des chinesischen Denkens, die unter den Tang klar geschieden waren, durchdrangen einander soweit, daß man fast von einer Art Synthese sprechen kann (an die sich namentlich der Neukonfuzianismus annähert): daraus gingen eine Kosmologie und einige grundlegende Prinzipien hervor, auf die sich die Malerei fortan stützen sollte.

Obschon der „nördliche“ Stil (der, wie wir gesehen haben, von Jing Hao und Guan Tong begründet wurde) anfänglich vor allem von Künstlern wie Fan Kuan oder Guo Xi zum Punkt höchster Anspannung gebracht wurde, ist es doch der Einfluß „südlicher“ Meister – eines Juran oder eines Dong Yuan –, der den Geist der Malerei prägen sollte: insbesondere bei Mi Fu (1051–1107), der gleichermaßen als Kalligraph und Kunstsammler Berühmtheit erlangte, und mehr noch bei dessen Sohn Mi Youren (1086–1165). Durch ihre Schöpfungen bereicherten diese beiden Künstler die chinesische Malerei in einzigartiger Weise: als Begründer von Techniken wie den „überlagerten Tupfen“ und den „verschmolzenen Punkten“ verstanden sie es mit unübertroffenem Geschick, in ihren Gemälden die Dynamik der Leere zu nutzen.

Die hektische Aktivität, die sich unter den Nördlichen Song entfaltete, wurde durch die Invasion der Jin kaum unterbrochen. Ein neues Phänomen sollte der Kunst im Gegenteil erlauben, inmitten der Verwerfungen sowohl ihren Ausdruck als auch ihre Kontinuität zu bewahren. Dieses bedeutende Phänomen wurde mit der Gründung der Akademie für Malerei seit dem Beginn der Song wirksam. Die Akademie, die ihre Angehörigen in Wettbewerben rekrutierte, zählte in der Epoche der Nördlichen Song etwa sechzig Mitglieder; unter den Südlichen Song waren es über einhundert.

Die glorreichste Akademie im Norden war wahrscheinlich die Akademie von Xuanhe: die Stunde ihres größten Ruhms fällt mit der Herrschaft des Kaisers Huizong zusammen, der selbst ein herausragender Künstler war, das Reich allerdings in den Untergang führte, weil er die Staatsgeschäfte vernachlässigte, um sich ausschließlich der Kunst zu widmen. Die berühmteste Akademie im Süden war diejenige von Shaoxing unter der Herrschaft des Kaisers Gaozong.

Das wichtigste Verdienst der Akademie als Institution bestand darin, das künstlerische Schaffen in einer Zeit geschützt zu haben, als es von den Zeitläuften in seiner Existenz bedroht war. Darüber hinaus erlaubte sie den Malern, die von den Alten hinterlassenen Techniken in aller Muße zu vertiefen und das thematische Feld ihrer Inspirationen nachhaltig zu erweitern, indem sie möglichst vielfältige Kategorien der Spezialisierung einführte, deren jede auf ein wohldefiniertes Sujet zugeschnitten war: Personen, Paläste und Gebäude, Ausländer, Drachen und Fische, Berge und Gewässer, Haustiere und wilde Bestien, Blumen und Vögel, Bambusse und Kiefern, Gemüse und Früchte, usw. Eine weitere Neuerung bestand darin, daß Künstler fortan aus ganz China rekrutiert wurden, was eine für alle Seiten bereichernde Konfrontation ermöglichte.

Die Namen von etlichen Akademiemalern unter den Nördlichen Song verdienen es, in Erinnerung behalten zu werden: Zhao Boju, Guo Xi, Huang Jucai, Wang Ning, Gao Wenjin, Yan Wengui, Gao Keming, Cui Bo, Ma Ben und Chen Yaochen. Als die Akademie im Vorfeld der Jin-Invasion in den Süden verlegt werden muß, wandert mit ihr ein ganzer Zug hochwertiger Maler aus: Li Di, Xiao Zhao, Li Tang, Li Duan und Su Hanchen.

Ein besonderer Platz gebührt Li Tang (1050–1131), der dank der Ausstrahlungskraft seiner Kunst, die auf einer unvergleichlichen technischen Meisterschaft beruhte, die Rolle eines unverzichtbaren Bindeglieds zwischen den beiden Perioden spielen konnte. Seine Art der Malerei hat den Stil der Südlichen Song entscheidend und dauerhaft geprägt.

Lis Technik des Pinselduktus im sogenannten „Stil der großen Streitaxt“ (die aus der von Li Sixun unter den Tang erfundenen Strichführung „im Stil der kleinen Streitaxt“ abgeleitet war) wurde von den beiden bedeutendsten Malern der späten Song aufgenommen: Ma Yuan (tätig 1172–1214) und Xia Gui (tätig 1190–1225).

Obwohl sie erst spät auf den Plan traten, erneuerten diese beiden Künstler die Malerei der Epoche nicht weniger radikal. Sie taten sich besonders durch die Kreation einer Atmosphäre des mystischen Romantizismus hervor, in deren Mitte sie Figuren aus kraftvoll und eckig gezeichneten Strichen plazierten, die eine einzigartige Kraft der Präsenz besitzen. Vor allem aber erfanden Ma und Xia, indem sie die Anstrengungen einiger südlicher Maler, sich von den allzu stark reglementierten Kompositionen ihrer Vorgänger zu lösen, auf die Spitze trieben, eine Art *dezentrierter* Perspektive, mit der sie den Akzent auf eine gegebene Ecke der Landschaft legten und dadurch den Blick des imaginären Betrachters umso viel wirksamer anregten, sich auf etwas Unausgesprochenes, Nostalgisches zu richten, das, obgleich es allem Anschein nach unsichtbar blieb, zum eigentlichen „Sujet“ des Werkes wurde. Man kann sich natürlich die Frage stellen, ob dieser „Exzentrismus“ nicht auch bis zu einem gewissen Maße mit der geographischen Lage verbunden war, in der sie sich befanden: China hatte einen Großteil seines Territoriums verloren, und die Maler konnten sich der tiefen Empfindung des Dramas, für immer von einer erträumten Einheit abgeschnitten zu sein, genausowenig entziehen wie andere Chinesen der Epoche. Dennoch ist es dieser besondere Stil der Darstellung der unseren beiden Künstlern die Beinamen „Ma Ecke“ bzw. „Xia Hälfte“ eintrug.

Diese beiden Persönlichkeiten dürfen freilich nicht als Vorwand dienen, die anderen Maler zu vergessen, die im Rahmen der Akademie unter den Südlichen Song in Erscheinung traten: Liu Songnian, die Brüder Yan Ciping und Yan Ciyu, Ma Lin (der Sohn des Ma Yuan), Li Song, Liang Kai und Zhu Huaijing – ohne eine Schar anonymer Künstler mitzuzählen, die uns ebenfalls qualitativ äußerst hochwertige Werke hinterlassen haben.

Die Akademiemalerei ist keineswegs gleichförmig. Die drei Tendenzen, die die chinesische Kunst seit den Tang bestimmen, wirken auch unter ihren Mitgliedern fort. Allgemein gesprochen, zeichnet sich der Akademiestil gleichwohl durch die Betonung der Norm, technische Strenge und eine Spezialisierung der Genres aus. Dennoch repräsentiert die Akademiemalerei nicht die gesamte Malerei der Song. Tatsächlich bestand eine dialektische und äußerst fruchtbare Beziehung zwischen Akademiemalern und solchen, die es nicht dazu gebracht hatten – und sich nun mit aller Macht von ihnen abzusetzen versuchten. Von den bedeutenden Malern der Nördlichen Song, die oben erwähnt wurden, arbeiteten etwa Fan Kuan und Mi Fu außerhalb der Akademie, was ihnen ohne Zweifel gestattete, sich auf eine ganz und gar persönliche Suche zu begeben, die glänzende Resultate hervorbrachte. Zu ihren Namen sollte man noch denjenigen Li Gonglins (1040–1106) hinzufügen, eines berühmten Malers von Personen und Pferden.

Ein weitere bemerkenswerte und noch bedeutsamere Tatsache, die weitreichende Konsequenzen haben sollte, war die Geburt – an den Rändern der Akademie – einer Malerei, die von Literaten und mithin von nicht-professionellen Malern praktiziert wurde. Diese Künstler, die in der Regel hervorragende Kalligraphen waren, näherten sich bestimmten

Genres mit großer Leichtigkeit an, namentlich solchen Themen, die unter der Rubrik „Pflanzen und Blumen" rangierten (Bambusse, Orchideen, Pflaumenblüten, usw.), weil die Techniken, die auf diesem Gebiet erforderlich waren, sich auf eine Art des Pinselduktus beschränkten, die der Schrift oft eng verwandt war. Ihre ursprüngliche Absicht war es nicht, „große Kunst" zu produzieren, sondern durch die Übertragung von aus der Natur entlehnten Figuren einen Seelenzustand, eine geistige Befindlichkeit, und damit letztlich eine Existenzweise auszudrücken. Wie sagte schon Su Dongpo (1036–1101), der erste und namhafteste unter ihnen: „Meine Bambusse weisen keine Gliederungen auf – was soll daran merkwürdig sein? Diese Bambusse sind in meinem Herzen entstanden; es sind keine, an deren äußerlicher Betrachtung man sich mit den Augen erfreuen würde." Su ist es im Übrigen auch, der im Angesicht eines Gemäldes seines Freundes Wen Tong, des anderen bedeutenden Malers von Bambussen, den berühmten Satz prägte: „Bevor Ihr einen Bambus malt, muß er erst in Eurem Innersten sprießen." Er und einige andere, unter ihnen Huang Tingjian und Mi Fu, sollten schließlich eine weitere Praxis einführen, die zu den typischen Eigenheiten der chinesischen Malerei zählt: die weißen Flächen in Gemälden mit Gedichten zu füllen. Eine solche Praxis zielte anfänglich darauf ab, die Malerei in eine in gewisser Hinsicht noch vollständigere Kunst zu verwandeln, in der sich die malerischen Qualitäten des Bildes mit den musikalischen Qualitäten des Verses verbinden und d.h., auf einer noch tiefgründigeren Ebene, die Dimensionen von Raum und Zeit.

Die Literatenmalerei wurde unter den Südlichen Song im wesentlichen von Zheng Sexiao, Zhao Mengjian und Yang Wujiu, die sich auf die Malerei von Orchideen, Narzissen bzw. Pflaumenblüten spezialisierten, in ihrer Existenz gesichert. Doch erst unter der folgenden Dynastie wurde diese ganz einzigartige Form der Kunst ihrerseits zu einer vorherrschenden Strömung.

Die Yuan (1266–1367)

Die Song-Dynastie mußte unter dem überfallartigen Angriff der Mongolen zusammenbrechen. Letztere begründeten in China eine neue Dynastie: die Yuan, die etwa ein Jahrhundert Bestand haben sollte. Die neuen Herren des Landes übten anfänglich, aus Mißtrauen und Verachtung, eine gnadenlose Unterdrückung sowie eine sehr strenge Zensur aus, die sich gegen die Bevölkerung im allgemeinen und die Literatenschicht im besonderen richtete. Man könnte annehmen, daß das künstlerische Schaffen aufgrund der Strenge der Zensur einen Niedergang erlebt haben würde. Doch war das Gegenteil der Fall. Gemeinsam mit dem populären Schauspiel wurde die Malerei zum wichtigsten Ausdrucksmittel der Epoche. Da sie keine Themen behandelte, die in direktem Bezug zur politischen Wirklichkeit standen, bot sie den Zensoren kaum Ansatzpunkte für Kritik. Ferner und vor allem arbeiteten die meisten Maler außerhalb offizieller Kreise; manche entschieden sich gar für ein Leben als Einsiedler.

Die berühmtesten unter ihnen (die „Vier Großmeister der Yuan") sind Huang Gongwang (1269–1354), Wu Zhen (1280–1354), Ni Zan (1301–1374) und Wang Meng (1308-1385). Alle vier gehören zur zweiten Generation der Yuan-Maler und waren in der Regel in südlichen Provinzen, wie

Jiangsu und Zhejiang, zu Hause. Sie statten einander Besuche ab; mitunter arbeiten sie sogar zusammen. Trotzdem unterscheiden sie sich in ihren Stilen so stark, daß es schier unmöglich scheint, sie miteinander zu verwechseln. Huang Gongwang zeichnet sich besonders durch seine souveräne und ausgeglichene Sichtweise aus, eine exakte Widerspiegelung seiner Persönlichkeit. Sein berühmtes Gemälde mit dem Titel „Mein Aufenthalt auf dem Fuchun-Berg", das durchflutet ist von leuchtender Heiterkeit, ist zweifellos die beste Illustration seiner Stils. Wu Zhen wiederum, der ein eher spröder Charakter war, liebte die Gesellschaft von Mönchen über alles. Seine schlichte Lebensweise scheint durch seine Malerei hindurch, die durch ihre direkte und brüske Erscheinung beeindruckt und nicht frei ist vom Geschmack von Lauterkeit. Ni Zan, ein Anhänger des Taoismus (wie übrigens auch Huang Gongwang), bemüht sich vor allem anderen um eine Strenge, die er malerisch umsetzt, indem er Elemente der Natur ausschließlich in extrem geläuterter Form darstellt und mit absichtlich „faden" Strichen zeichnet. Wang Meng bereichert die Malerei der Zeit mit einem unvergleichlich einflußreichen Werk; gestützt auf einen von ihm selbst erfundenen Typ der Strichführung, den berühmten „Ochsenschweif", der zugleich gewunden und gedrängt erscheint, schafft er dynamische Landschaften, die wie von einem beharrlichen Schauder durchzogen wirken (seine Malerei erinnert mitunter an die van Goghs in dessen letzten Lebensjahren).

Es bleibt festzuhalten, daß den vier Malern, trotz aller stilistischen Unterschiede, eine Reihe von bedeutsamen Merkmalen gemeinsam ist. Alle vier waren ausgezeichnete Literaten (d.h., zugleich Maler, Kalligraphen und Dichter). Ihre Werke sind verziert mit zahlreichen Gedichten: so trugen sie dazu bei, die Tradition der Literatenmalerei, die von einem Su Dongpo, Wen Tong oder Mi Fu unter den Song begründet worden war, endgültig als eigenes Genre zu etablieren. Vor allem aber ist ihr Einfluß auf dem Gebiet der Technik unschätzbar. Sie verschmähen das Erbe, das ihnen von den als allzu nah erscheinenden Malern der Südlichen Song hinterlassen wurde, und bemühen sich stattdessen, Anschluß an die Kunst der Meister aus den Fünf Dynastien (Dong Yuan, Juran) oder den Nördlichen Song (Fan Kuan, Guo Xi, Mi Fu) zu finden, der sie allerdings gelegentlich eine etwas größere Prise Spontaneität und Freiheit, besonders im Pinselduktus und der Tuscheverarbeitung, beimengen. So eröffnen sie im Hinblick auf diese beiden untrennbaren Elemente der chinesischen Praxis der Malerei neue Möglichkeiten, indem sie sich bemühen, aus ihnen zugleich Reize und „Resonanzen" zu ziehen. Der kleinste Punkt, der unbedeutendste Strich und der unscheinbarste Tuschtupfen, ganz gleich ob verdünnt oder konzentriert, dient ihnen in ihren Gemälden als Gelegenheit, den Schwingungen ihrer Seele in sinnlicher Form Ausdruck zu verleihen. Folge war, daß Gemälde nun nicht mehr allein in ihrer Gesamtheit gewürdigt werden konnten, sondern sich selbst in den winzigsten Details genießen ließen.

Man muß trotz allem betonen, daß diese vier Maler, die in gewisser Weise unter sich die gesamte Kunst der Yuan zusammenfassen, ihre Meisterschaft nie hätten erreichen können, wenn ihnen nicht einige wagemutige Vorläufer den Weg bereitet hätten: an erster Stelle ist hier der unvergleichliche Zhao Mengfu (1254–1322) zu nennen. Zhao hatte bei Qian Xuan (ca. 1235–1301) Malerei studiert, dem anderen großen realistischen Maler der frühen Yuan, dessen minutiöser und präziser Stil den Schüler nachhaltig beeinflußen sollte.

Äußerst begabt, tat sich Zhao in sämtlichen Genres hervor. Und weil er einen hohen Rang in der Administration der Mongolen bekleidete, war er es, der der Epoche ihren eigentlichen „Ton“ vorgab. Als ausgezeichneter Kalligraph verstand er es, in seine Malerei jenes subtile Pinselspiel einzuführen, von dem die „Vier Meister“, wie gesehen, profitieren sollten. In seinem Schatten trug ein anderer Künstler, der bedeutende Landschaftsmaler Gao Kegong, der sich zwar klassischer Techniken bediente, aber eine ganz und gar persönliche Sichtweise besaß, genausoviel dazu bei, den Übergang von der Malerei der Song zu derjenigen der Yuan zu sichern. Einige weitere Maler in ihrer Nachfolge verdienen Erwähnung: Tang Li, Cao Zhibo, Fang Congyi und Sheng Mou, von denen jeder auf seine Weise mit dem gleichen Geist von Entfaltung und Freiheit beeindruckt.

Die Ming (1368–1644)

Noch vor dem Umsturz der mongolischen Ordnung gründete der Anführer des Aufstands von 1368, Zhu Yuanzhang, selbst eine neue Dynastie, die der Ming, mit einer stark zentralisierten und autokratischen Herrschaftsstruktur. Der Staat verantwortete bald darauf die Wiedereinrichtung, wenn auch in leicht veränderter Form, der von den Yuan unterdrückten Akademie. Aufgrund der engen Kontrolle der Zentralmacht über alle möglichen Formen des künstlerischen Ausdrucks und trotz der Gegenwart zahlreicher Künstler mit wirklichem Talent, konnte die Malerei dennoch nie wieder zu der überquellenden Dynamik zurückfinden, die den Ruhm der Akademie unter den Song begründet hatte. Die Unfähigkeit, anderswo „offene" Kreativität anzuregen, trug letztlich dazu bei, die bildende Kunst in China (wenigstens teilweise) einem oft trügerischen „Akademismus" in die Arme zu treiben, der seit dem Ende der Ming greifbar wird.

Dennoch ist die Epoche keinesfalls zu vernachlässigen. Sie begünstigte das Heranreifen einiger erstklassiger Talente, die, ohne sich durch die Erfindung neuer Formen auszuzeichnen, das ihnen hinterlassene Erbe der Antike nichtdestrotrotz vermehrten.

Die maritimen Provinzen des Südens, Jiangsu und Zhejiang, die sich in dieser Zeit der Außenwelt öffneten, erlebten eine beispiellose wirtschaftliche Expansion. Beide Regionen sollten während der gesamten Dauer der Ming-Herrschaft zu Schauplätzen intensiver kultureller Aktivität werden. Bald standen sich zwei Schulen der Malerei gegenüber: die Zhe-Schule (in Zhejiang) und die Wu-Schule (in Jiangsu). In chronologischer Hinsicht folgte die Wu-Schule auf die von Zhe, und sie war sichtlich bemüht, sich von dieser abzusetzen. Die doppelte Beziehung von Nachfolgeschaft und Rivalität ist bedeutsam: sie sorgte dafür, daß das Forschungsfeld für mehr als ein halbes Jahrhundert offen gehalten wurde.

Wenn Dai Jin (erste Hälfte des 15. Jh.) uns als unbestrittenes Haupt der Zhe-Schule erscheint, so geschah dies ohne sein Zutun. Als hochgeehrter Hofmaler hatte er sich in der Folge von Intrigen, unter denen er stark zu leiden hatte, nach Hangzhou, in seine Geburtsregion, zurückgezogen. Er setzte seine Malerei auf dem Altenteil fort, starb jedoch verarmt und mißachtet. Nachweislich beeinflußt von einem Schicksal, das ihn mit zwei derart gegensätzlichen Welten vertraut gemacht hatte, folgt auch seine Malerei zwei sehr unterschiedlichen Stilen: der eine, „akademische", ist von

Ma Yuan und Xia Gui aus der Südlichen Song abgeleitet; der andere, persönlichere, lehnt sich an Wu Zhen an, einen der „Vier Meister" der Yuan. Herausragend in der Anwendung beider Stile, hinterließ Dai Werke von derart erlesener Qualität, daß sie sich seinen Nachfolgern schließlich als Modelle für einen neuen Weg der Malerei aufdrängten. In seinem Kielwasser vollendete sein Landsmann Wu Wei (1459–1508), der ebenfalls als Mitglied an der Akademie tätig war, den Aufbau der Reputation der Zhe-Schule, indem er seinen Zeitgenossen ein machtvolles Werk zur Bewunderung überließ, das auf seine Weise die beiden Qualitäten verband, die wir schon für Dai Jin festgestellt hatten: akademische Strenge und persönliche Inspiration. Die beiden Oberhäupter der Schule sollten zahlreiche Nachahmer finden; der bekannteste unter ihnen ist zweifelsohne Lan Ying (1585–1657).

Gegen Ende des 15. Jahrhunderts entstand in der Provinz Jiangsu, im Umkreis der Stadt Suzhou, einem außergewöhnlich reichen Zentrum von Handel und Kultur, eine weitere Schule, die sich von Beginn an durch Maler auszeichnete, die aus Literatenfamilien hervorgegangen waren. Als Reaktion auf die Zhe-Schule schickte sich die Wu-Schule an, die Tradition der yuanzeitlichen „Literatenmalerei" zu erneuern. Zwei Maler sicherten vor allem ihre Ausstrahlung: Shen Zhou (1427–1509) und sein Schüler Wen Zhengming (1470–1559). Da beide bis ins hohe Alter lebten, beherrschten ihre Namen die Welt der Kunst erzwungermaßen über mehrere Jahrzehnte. Ihre Werke, die geprägt sind von Balance und Harmonie und die äußerst strikten ethischen und ästhetischen Prinzipien folgen, sind im Übergang von einer Zeit zur anderen nichtsdestotrotz auch gekennzeichnet von brüsk aufbrechenden Anzeichen der Gewalt: so sind sie das

Abbild einer Gesellschaft die, obwohl sie einen extremen Grad der Verfeinerung erreicht hat, doch weiß, daß sie im Inneren wie Äußeren von verborgenen Kräften der Auflösung bedroht wird, und die sich voller Unruhe um ihr eigentliches Schicksal zu sorgen beginnt. Zwei weitere bedeutende Maler in ihrer Nachfolge, Lu Zhi (1496–1576) und Chen Shun (1483–1544), engagieren sich in derselben Richtung: hervorzuheben ist insbesondere der letztere, der durch seine erstaunliche Meisterschaft im Umgang mit der Tusche auf seine Weise an die spontane Kunst des Mi Fu aus der Song anknüpft, und dadurch eine heilsame Frische in die Produktion der Epoche einbringt.

Am Rande dieser beiden Schulen formiert sich eine dritte Gruppe von Malern, die sich dem sogenannten „akademischen Stil“ verschrieb. (Merke, daß sich dieses Etikett in China stets auf den Stil der Akademie der Song bezieht.) Drei Namen bestimmen diese Richtung: Zhou Chen (tätig zu Beginn des 16. Jh.) sowie dessen zwei Schüler Tang Yin (1470–1523) und Qiu Ying (ca. 1510–1551). Keiner der drei war Mitglied der Akademie; alle bemühten sich dennoch, den dominierenden Stil der Tang und Song zu erneuern. Im Unterschied zu den Literaten der Wu-Schule waren sie mehrheitlich von bescheidener Herkunft: Qiu Ying war ein einfacher Handwerker; Tang Yin, der dank seiner frühreifen Intelligenz die Gelegenheit zu studieren erhielt und Zugang zu kultivierten Kreisen erlangte, fand sich nach einem Fehltritt, den er im Zusammenhang mit einem Examen beging, erneut aus den offiziellen Rängen ausgeschlossen und gab sich fortan einem Leben der Zerstreuung hin, das seinen Zeitgenossen reichlich Gelegenheit zum Klatsch bot. Da sie sich kein vergleichbares Niveau der Kultiviertheit anmaßen konnten, versuchten sich diese Künstler durch die Virtuosität ihrer

Technik, die ausgefeilte Komposition ihrer Werke, die sich durch Harmonie und Ausgeglichenheit auszeichneten (und in denen nichts dem Zufall überlassen blieb), sowie die Qualität der Ausführung, die in jedem Detail zu letzter Perfektion getrieben wurde, gegenüber ihren Rivalen zu behaupten. Stark eklektisch in der Wahl ihrer Vorbilder, hinterließen sie authentische Meisterwerke in den verschiedensten Domänen: realistische oder vorgestellte Landschaften, Szenen aus dem höfischen Leben der Antike, Porträts von Kurtisanen, mythische Fabeln, Bäume und Blumen, usw.

Die Epoche nach ihnen wurde geprägt von der zupackenden Gestalt des Dong Qichang (1555–1636). Dong war ein hochtalentierter Künstler, der aus der Wu-Schule hervorgegangen war, aber einen stark formalistischen Geist besaß. Als Inhaber eines hohen offiziellen Rangs, der sich zudem in theoretischen Debatten gefiel, trug er durch seine schematischen Vorstellungen einiges dazu bei, die zeitgenössische Malerei auf einen steifen Akademismus zu verpflichten, der nur allzu bald in Form von Anleitungen und Regeln Gestalt annahm.

Die von Dong gepredigte Gleichförmigkeit, die besonders in Arbeiten vom Ende der Dynastie greifbar wird, wurde glücklicherweise von den originellen Schöpfungen einiger „Außenseiter“ durchbrochen: insbesondere von Xu Wei (1521–1593) und Chen Hongshou (1599–1652), die beide der Malerei der nachfolgenden Dynastie wichtige Impulse geben sollten. Xu Wei ist einer der wenigen chinesischen Künstler, die nachweislich „verrückt“ waren. Extrem begabt und von einer nie ruhenden Empfindsamkeit, verlor er sein mentales Gleichgewicht im Alter von knapp vierzig Jahren nach mehreren grausamen Trauerfällen und einer Reihe von Fehlschlägen in den staatlichen Examina. Während der beträchtlichen Anzahl von Jahren, die ihm noch vergönnt blieben, malte und kalligraphierte er unverwandt weiter und produzierte Werke von eindeutig expressionistischem Charakter, die eine einzigartige Kraft ausstrahlen. Chen Hongshou, der in erster Linie als Maler von Personen bekannt ist, kultivierte ebenfalls bewußt das Abstruse und Alberne. Chen stellt seine perfekte technische Meisterschaft (die den besten Porträtmalern der Tang und Song annähernd gleichkam) in den Dienst eines durch und durch persönlichen Stils und zögert nicht, seine Figuren zu entstellen, um ihre Ausdruckskraft zu erhöhen. Was er mittels der Personen, denen er seine Aufmerksamkeit widmet, ausdrücken will, ist keine wie auch immer geartete Ähnlichkeit, die sich auf ein Ensemble exakter Einzelheiten gründet, sondern vielmehr eine Seinsweise, die nichts mehr beansprucht als Freiheit.

Die Qing (1644–1911)

Der Akademismus, in dem sich zwischenzeitlich viele Künstler eingerichtet hatten, hätte dem Abenteuer der chinesischen Malerei einen tödlichen Schlag versetzen können. Doch begünstigt die Epoche, wie wir gesehen haben, gleichzeitig auch die Entfaltung einiger unabhängiger Genies. Sie sind es, die einer Reihe ganz und gar erstaunlicher, sperrig-individualistischer Maler den Weg ebnen, welche die letzte chinesische Dynastie mit einen unerwarteten Glanz schmücken, als diese im Jahr 1644 mit der Thronbesteigung eines mandschurischen Kaisers ihren Anfang nimmt. Expressionisten aus Überzeugung, die die

Originalität mitunter bis zur Extravaganz treiben (die Mehrheit von ihnen stand in offener Revolte gegen das neue Regime), verstanden es diese Maler, sich mit dem Gestus des Genies auszudrücken: dank ihrer Werke erscheint die Malerei der Qing, weit davon entfernt, bloß eine blasse Weiterführung der Ming zu sein, heute in unseren Augen als die letzte Blütezeit einer nun bereits über tausendjährigen Tradition.

Wie die Mongolen beim Antritt ihrer Herrschaft, übten auch die Mandschuren anfänglich eine gnadenlose Zensur in allen Bereichen aus, in denen ihre Autorität angreifbar schien. Die bildende Kunst befand sich bekanntlich in einer relativ geschützten Stellung vor den Auswirkungen eines solcherart pedantischen Despotismus. Anders als unter der früheren Fremdherrschaft, als die Künstler versuchten, alle Themen zu vermeiden, die sich auf die politische, soziale oder moralische Lage des Landes bezogen, strengten sie sich dieses Mal an, in ihren Werken unter dem Deckmantel eines durchsichtigen Symbolismus oder vermittels an den Rändern ihrer Gemälde aufgeschriebener Gedichte ihren entschiedenen Willen zum Ausdruck zu bringen, sich nicht kompromittieren zu lassen, wenn sie nicht gar zum Kampf aufriefen.

Die ältesten unter ihnen hatten den dramatischen Sturz der Ming selbst miterlebt. Ihre Haltung zur neuen Ordnung der Dinge war entweder eine der Verweigerung oder wenigstens des Rückzugs. Es ist daher nicht verwunderlich, daß die vier herausragenden Vertreter dieser neuen Welle von Künstlern, die die Tradition als die „Vier Eminenten Mönchs-Maler" bezeichnet, sich allesamt für ein Leben in Einsamkeit entschieden. Ihre Namen sind: Hongren (1610–1663), Kun Can (1612–1693), Zhu Da (1626–1705) und Shitao (1641–nach 1710).

Hongren stammte aus Anhui. Nachdem er als Landstreicher durch verschiedene Provinzen gezogen war, ließ er sich in einem Kloster am Fuß des Huangshan-Gebirges in seiner Heimatprovinz nieder. Gemeinsam mit Shitao und Mei Qing trug er zum Renommee der sogenannten Huangshan-Schule bei. Nach dem Vorbild der Großmeister aus der Yuan-Zeit imponiert er in erster Linie durch einen sehr persönlichen Stil, namentlich in der Darstellung von Felsen, der sein Bemühen verrät, die nicht-reduzierbaren Formen der Natur wiederzufinden und gleichzeitig ihren ganzheitlichen Charakter zu bestätigen, der sich allen Kompromissen verweigert.

Kun Can mußte sich im Alter von dreißig Jahren im Widerstandskrieg gegen die Mandschuren engagieren. Zehn Jahre später, unter dem neuen Regime, trug er das Mönchsornat. Wir begegnen ihm in der Folgezeit in verschiedenen Klöstern im Süden Chinas. Seine Landschaften, die an diejenigen Wang Mengs unter den Yuan erinnern, beeindrucken durch ihre bebende und leidenschaftliche Erscheinung.

Zhu Da war ohne Zweifel der hochmütigste und extravaganteste von allen. Um sich nicht mit dem neuen Regime arrangieren zu müssen, verfiel er auf die Idee, sich als stumm oder verrückt auszugeben. Seine Gemälde, die angefüllt sind mit schroffen Felsen und knorrigen Wurzeln, zeugen von einer gewalttätigen, erschreckend ungewöhnlichen Machart. Wenn er gelegentlich Tiere darstellt (Adler, Eulen, Fische oder Ratten), dann verleiht er ihnen eine merkwürdige Haltung, die manchmal als zwanglos erscheint, mitunter aber auch als offen aggressiv. Seine einzigartige Malweise, die aus einer Abfolge rasanter Striche besteht, macht ihn zu einem der originellsten und „unnachahmlichsten“ Maler in der Geschichte der chinesischen Kunst.

Shitao schließlich, der über sämtliche Gaben verfügte, war eine komplexe Persönlichkeit. Seine tragische Kindheit ist geprägt von der schmerzhaften Suche nach einer Identität, die ihm vorenthalten bleiben sollte: sein Vater, aus der königlichen Linie der Ming, fällt nach dem Tod des letzten Kaisers einem Attentat zum Opfer, angezettelt von Mitgliedern seiner eigenen Familie, die sich einen Bruderkrieg um die Macht liefern. Shitao, der damals drei Jahre alt ist, verdankt sein Leben lediglich der Wachsamkeit eines Dieners, der den Jungen der Obhut eines Klosters anvertraut. Doch der Glanz seines Talents und sein allzu rascher Erfolg treiben ihn bald dazu, den neuen Herren einen Treueschwur zu leisten. Angezogen von der Welt, hat er größte Schwierigkeiten, die Regeln des monastischen Lebens einzuhalten, für das er sich entschieden hat. Ein widersprüchlicher Geist, ständig hin- und hergerissen zwischen gegensätzlichen Kräften: so wird er sich in seinem ebenso vielfältigen wie fruchtbaren Werk zeigen, das völlig im Zeichen eines unaufhörlichen Fragens steht; und genauso wird er auch in seinen *Bemerkungen über die Malerei* in Erscheinung treten, einem der wichtigsten theoretischen Texte der chinesischen Ästhetik.

Ein weiterer, nicht einzuordnender Künstler ist Gong Xian (1599–1689), ein Zeitgenosse der „Vier Eminenten Mönchs-Maler“, auch er eine starke Persönlichkeit, der die Malerei der Epoche wie kein anderer prägte. Er verbringt den größten Teil seines Lebens in der Region um Nanjing, wo er an der patriotischen Bewegung gegen die Mandschuren teilnimmt. Nachdem das neue Regime die Macht übernommen hat, zieht er es vor, sich in die Einsamkeit des Qingliang-Berges zurückzuziehen, wo er seine Zeit zwischen Malerei und Unterrichten aufteilt, ohne freilich je vollständig aufzuhören, sich in irdische Angelegenheiten einzumischen. Seine Landschaften, die angefüllt sind mit dicken Schichten von Tusche, gerade so als seien sie von dem Sturm verwüstet worden, auf dessen Anwesenheit noch alles hindeutet, sind seinem hitzköpfigen und zugleich schreckhaften Charakter nachempfunden, der ihn sein Leben lang antrieb, sich für gerechte Sachen einzusetzen.

Die Haltung der „Älteren“ verfehlte nicht, sich auf die ihrer direkten Nachfolger auszuwirken, deren bekannteste gewöhnlich ebenfalls unter einer kollektiven Bezeichnung zusammengefaßt werden. Es sind die „Acht Exzentriker aus Yangzhou“: Zheng Xie (1693–1765), Jin Nong (1687–1763), Luo Bin (1733–1799), Li Fangying (1695–1755), Wang Shishen (1686–1759), Gao Xiang (1688–1753), Huang Shen (1687–1766) and Li Shan (1692–1762). Jeder dieser acht begeisterte sich auf seine Weise für die expressionistische Technik, die seither hoch geehrt wird, und bemühte sich, sie, soweit das überhaupt möglich war, zu einem noch ausgeprägteren Grad der Frechheit und des Nonkonformismus zu führen. Einer ragte unbestreibar aus der Gruppe heraus: Zheng Xie, der in der Mitte des 18. Jahrhunderts eines der letzten Beispiele eines „vollendeten Literaten“ war – im besten Sinne dieses Ausdrucks. Ein Gelehrter und gleichzeitig ein Mann der Tat, widmete er sich, nachdem er die staatlichen Examina erfolgreich bestanden hatte, mit Feuereifer den Aufgaben eines Provinzpräfekten. In seinen Briefen und Gedichten aus dieser Zeit entwickelt er politische und soziale Ideen, die auf einen großzügigen und anspruchsvollen Humanismus gegründet sind. Indem er sich zu Zeiten aktiv engagiert (er verurteilt mit Bedacht die Reichen unter Mißachtung eines ungerechten Gesetzes und wacht mutig über die Interessen der Geschädigten) und zu anderen Zeiten zurückzieht (er gibt sich seiner Kunst der Malerei und

Kalligraphie mit beispielhafter Unabhängigkeit des Geistes hin), gelingt es ihm, einen scharfen kritischen Sinn mit einem Temperament zu vereinbaren, das von Natur aus zur Extravaganz neigt und allen Konventionen mißtraut. Sein Werk erinnert uns jedenfalls daran, daß in der Tradition der chinesischen Malerei in allen Stadien eine Denkrichtung in Erscheinung tritt, die sich auf die eine oder andere Weise weigert, die Kunst als eine Flucht aus der Realität oder das Ergebnis eines rein ästhetischen Strebens zu betrachten, und es vorzieht, in der Geste des Künstlers eine konkrete Form menschlicher Schaffenskraft zu sehen.

Die expressionistische Strömung, die so typisch ist für die Kunst der Qing, sollte während des gesamten 19. Jahrhunderts und bis in unsere Tage hinein von weiteren hochtalentierten Künstlern veranschaulicht werden – um nur drei zu nennen: Ren Bonian (1839–1895), Wu Changshi (1844-1927) und Qi Baishi (1863–1957).

Eine weitere Richtung bemüht sich zur gleichen Zeit geduldig darum, die von der Antike überkommene Tradition zu verteidigen. Die Periode ihres größten Ruhms erlebte sie im 17. und 18. Jahrhundert mit Malern wie Yun Shouping (1633-1690), Wu Li (1632–1718) und den „Vier Wang“: Wang Yuanqi (1642–1715), Wang Shimin (1592–1680), Wang Jian (1598–1677) und Wang Hui (1632–1717). Versiert in allen Finessen der traditionellen Technik, erfreuten sich diese Künstler in ihrer Zeit eines beträchtlichen Prestiges, nicht zuletzt weil sie die Orthodoxie verkörperten. Ihr Verdienst ist zugegebenermaßen nicht gering: gegenwärtige Maler schulden ihnen Dank dafür, daß sie einige der wichtigsten Errungenschaften der Vergangenheit unbeschädigt bewahren konnten. Manche unter ihnen beschieden sich im Übrigen nicht mit der Rolle bloßer „Konservatoren“ und zögerten nicht, wo es ihnen notwendig erschien, selbst Innovationen in die subtile Kunst der Komposition einzuführen.

*

In der Geschichte der chinesischen Malerei gibt es eine Tradition, die Taten und Handlungen großer Maler zu überliefern, um dadurch ihren besonderen Stil zu veranschaulichen. Manche dieser Legenden grenzen ans Phantastische, was nur noch einmal die heilige oder magische Rolle unterstreicht, die der Malerei zuerkannt wurde. Wir wollen im Folgenden einige der berühmtesten Legenden anführen.[3] So werden wir uns auf der einen Seite mit einigen bedeutenden Malern vertraut machen können und auf der anderen Seite weiter in das Geheimnis der chinesischen Malerei eindringen.

Zhuangzi, der bedeutende taoistische Philosoph aus dem dritten vorchristlichen Jahrhundert, erzählt die folgende Begebenheit: Als der Prinz Yuan aus Song den Wunsch nach einem schönen Gemälde äußerte, stellten sich viele Maler bei ihm vor. Nachdem sie die Instruktionen erhalten hatten, verneigten sich alle respektvoll and stellten sich auf, um ihre Pinsel zu benetzen und ihre Tusche zu zerreiben; es waren so viele, daß die Hälfte außen vor bleiben mußte. Ein Maler kam zu spät, völlig entspannt und ohne sich zu beeilen. Nachdem er die Instruktionen erhalten und seinen Gruß entrichtet hatte, blieb er nicht dort, sondern zog sich in seine eigenen Gemächer zurück. Der Prinz schickte jemandem zu ihm, um zu sehen, was er treibe. Bevor er sich an die Arbeit machte, hatte er seine Jacke abgelegt und

3 Die Mehrzahl ist aus den folgenden Werken entlehnt: *Lidai minghua ji*, von Zhang Yanyuan; Tangchao minghua lu, *Tuhua jianwen zhi*, von Guo Ruoxu; *Xuanhe huapu* und *Huajian*, von Tang Hou.

sich, nackt bis zum Bauch, mit gekreuzten Beinen hingesetzt. „Das ist ein wahrhaftiger Maler“, sagte der Prinz, „der ist es, den ich brauche“.

Zhang Sengyu, aus der Zeit der Nördlichen und Südlichen Dynastien, malte vier riesige Drachen auf die Mauern des Anluo-Tempels in Nanjing. Den Drachen fehlten die Augen. Denen, die sich nach dem Grund erkundigten, gab Zhang zur Antwort: „Fügte ich den Drachen die Augen hinzu, würden sie davonfliegen.“ Voller Unglauben beschuldigten die Leute ihn, ein Betrüger zu sein. Auf ihr Drängen erklärte sich der Maler bereit, eine Demonstration zu geben. Kaum hatte er begonnen, zwei der Drachen Augen zu malen, da erhob sich ein ohrenbetäubender Donner. Die Mauern brachen auf und ließen die beiden Drachen in rasantem Flug entkommen. Nachdem wieder Ruhe eingekehrt war, stellte man fest, daß nur die beiden Drachen ohne Augen auf der Mauer verblieben waren.

Gu Kaizhi, der berühmte Maler aus der Jin-Zeit, verliebte sich in ein junges Mädchen aus dem Nachbarhaus. Dies wies seine Avancen allerdings zurück. Aus Verdruß malte Gu ein Bild des Mädchens auf die Wand seines Zimmers und stach eine Nadel in die Stelle, wo sich das Herz befand. Das junge Mädchen erkrankte an einer sonderbaren Herzkrankheit. Sie genas erst, als der Maler ihrem flehentlichen Bitten nachgab und die Nadel herausriß.

Zhang Xiaoshi, aus der Tang-Zeit, kehrte ins Leben zurück, nachdem er den Tod kennengelernt hatte. Er brillierte fortan in der Darstellung von Szenen aus der Hölle. Die Leute sagten, daß das, was er malte, nicht aus seiner Einbildung entstand, sondern auf tatsächlicher Zeugenschaft beruhte.

In der Kaiyuan-Periode unter den Tang bat General Pei, der gerade seine Mutter verloren hatte, den bekannten Maler Wu Daozi, einige Götterfiguren im Tianjing-Tempel zu malen, damit diese die Seele der Verschiedenen beschützen könnten. Wu verlangte vom General, in einer lebhaften Vorführung ein Bild von der Macht der Götter im Angesicht der Dämonen darzustellen. Der General entledigte sich seiner Trauerkleidung, legte sein Kampfgewand an, bestieg sein Pferd und zeigte einen Schwerttanz im vollen Galopp. Seine makellose Haltung und seine rasanten Gesten verblüfften die Zuschauer, die zu Tausenden her-beigeströmt waren, um der Szene beizuwohnen. Begeistert und inspiriert, schlüpfte der Meister aus seinen Kleidern und begann mit unwiderstehlichem Schwung zu malen, ganz so als sei er in Trance. Die Luft vibrierte im Einklang mit seinen Pinselschwüngen. Als der Moment gekommen war, die Häupter der Götter mit Glorienscheinen zu krönen, zeichnete der Maler in einem einzigen Zug perfekte Kreise. Die überwältigte Menge brach daraufhin in Schreie der Bewunderung aus.

Der Kaiser Xuanzong erinnerte sich voller Nostalgie an die Landschaft im Tal des Jialing-Flußes. Er schickte Li Sixun (einen bedeutenden Landschaftsmaler in der realistischen Tradition) und Wu Daozi in die Region. Nach ihrer Rückkehr sollten beide Szenen aus dem Tal auf die Mauern seines Palastes in Datong malen. Li kam beladen mit Dokumenten und Skizzen zurück und verbrachte mehrere Monate damit, sein Gemälde anzufertigen. Wu kehrte mit leeren Händen zurück. Als der Kaiser seinem Erstaunen Ausdruck verlieh, antwortete er: „Alles ist da, in meinem Herzen." Er machte sich an die Arbeit und schuf in wenigen Tagen ein Meisterwerk.

Li Sixun (von dem wir gerade berichtet haben, daß er die Palastmauern in Datong dekorierte) erhielt bei einer anderen Gelegenheit den Auftrag, die Wandschirme im Palast zu bemalen. Er malte Szenen mit Bergen und Gewässern, die allgemeine Bewunderung erregten. Eines Tages jedoch wandte sich der Kaiser mit einer Beschwerde an ihn: „Die Wasserfälle, die Du gemalt hast, machen zu viel Lärm; sie bringen mich um den Schlaf!“

Lu Lengjia lernte das Handwerk der Malerei bei Wu Daozi. Er verzweifelte darüber, daß er nie die Kunstfertigkeit seines Meisters erreichen würde. Als er den Auftrag erhielt, Fresken im Zhuangyan-Tempel anzufertigen, versuchte er an die Qualität derjenigen heranzukommen, die Wu im Zongzhi-Tempel gemalt hatte. Eines Tages kam Wu zufällig in den Zhuangyan-Tempel und sah dort die Fresken seines ehemaligen Schülers. Er stieß Schreie der Bewunderung aus, in die sich Schrecken mischte: „Dieser Maler war mir nie ebenbürtig, aber mit diesen Fresken kommt er mir gleich. Dabei hat er jedoch seine ganze Schöpferkraft verausgabt!“ Tatsächlich verstarb Lu wenig später.

In der gleichen Weise wie berichtet wird, daß sein Zeitgenosse, der Dichter Li Bo, ertrank, als er versuchte, in einem Fluß den Abglanz des Mondlichts zu erhaschen, das er so oft besungen hatte, erzählt die Legende, daß Wu Daozi im Nebel einer der Landschaften verschwand, die er gerade gemalt hatte.

Han Gan, der berühmte Maler von Pferdemotiven aus der Tang-Zeit, erhielt eines Abends Besuch von einem in Rot gekleideten Mann, der zu ihm sagte: „Ich komme aus der Geisterwelt. Du wirst gebeten, einen tüchtigen Laufburschen zu zeichnen, der dort gebraucht wird.“ Han Gan gehorchte. Er entwarf einen Laufburschen auf einem prächtigen Pferd und malte daraus ein Gemälde auf einem großen Blatt Papier. Dann verbrannte er das Bild und gab die Asche dem Boten. Dieser verschwand. Einige Jahre später traf Han Gan einen befreundeten Tierarzt, der ihm erzählte, daß er ein Pferd geheilt habe, das ihn durch seine merkwürdige Erscheinung beeindruckt habe. Als Han das Pferd sah, rief er aus: „Aber das ist ja das Pferd, das ich gemalt habe!“ Im selben Augenblick brach das Pferd, wie von einer schweren

Krankheit getroffen, zusammen. Der Tierarzt fand eine Mißbildung in einem seiner Beine. Verstört kehrte Han nach Hause zurück. Er suchte seinen alten Entwurf heraus und stellte mit Bestürzung fest, daß ihm tatsächlich, als er das rechte Bein des Pferdes gemalt hatte, der Pinsel abgerutscht war.

Als Mi Fu, aus der Song-Zeit, in Wuwei war, sah er eines Tages einen riesigen Felsen von ausnehmender Häßlichkeit. Hingerissen legte er sein Festgewand an, warf sich vor dem Felsen auf die Knie und rief ihn als „lieben älteren Bruder“ an.

In seinem *Tuhua jianwen zhi* beschreibt Guo Si die Malweise seines Vaters Guo Xi: „Er hatte die Gewohnheit, sich in die Nähe eines lichten Fensters zu setzen, bevor er zu malen begann. Er brachte seinen Tisch in Ordnung, verbrannte Räucherwerk und legte sich Pinsel und Tusche sorgfältig zurecht. Danach wusch er sich die Hände, gerade so, als ob er hohen Besuch empfangen würde. Er verharrte in langem Schweigen, um seinen Geist zur Ruhe kommen zu lassen und seine Gedanken zu sammeln. Erst nachdem er sich eine präzise Vorstellung gemacht hatte, begann er zu malen. Oft sprach er von der Angst, sich vor einem seiner eigenen Werke mit abgelenktem Geist zu ertappen.“

Wang Mo, ein vagabundierender Maler aus der Tang-Zeit, war berüchtigt für seine häufige Trunkenheit. Er hatte die Gewohnheit, im Übermaß zu trinken, bevor er sich ans Werk machte. Sobald er betrunken war, begann er, im Stil der „verspritzten Tusche“ zu malen. Lachend und singend, gestikulierte er mit Händen und Füßen. Unter seinem magischen Pinsel – gelegentlich tauchte er versehentlich auch sein langes Haar anstelle des Pinsels in die Tusche – erwachten die Figuren zum Leben: Berge, Bäume, Felsen und Wolken, die einen glänzend, die anderen ätherisch, erschienen wie verzaubert, so als seien sie eine direkte Emanation der Schöpfung selbst. Das vollendete Gemälde war stets von einer so vollkommenen Wahrheit, daß man den Eindruck hatte, keine Spur von Tusche sei auf ihm zu sehen. Als der Maler starb, war sein Leichnam leicht, wie leer; es wurde gesagt, sein Körper habe sich in eine Wolke verwandelt.

Zum Abschluß dieser Einführung wollen wir die Figur des überragenden Maler-Dichters Wang Wei vorstellen, den Lehrmeister der monochromen Malerei und Begründer der sogenannten Schule des Südens. Obwohl Wangs Gedichte wohl bekannt sind, ist paradoxerweise keines seiner Gemälde erhalten. Gerade diese „Abwesenheit" jedweden malerischen Werks regte seine Nachfolger indes dazu an, unaufhörlich zu versuchen, Wangs stets mit vielsagenden Titeln versehene Gemälde nachzuempfinden. Durch seine Schriften und die Vorstellungen, die sich andere von seinen Gemälden gemacht haben, schuf Wang Wei so einen erträumten Raum, der vom gleichen Typ ist wie der Raum, zu dem die chinesische Malerei als ganze tendiert. Wir zitieren hier den vollständigen Text eines Briefes, den Wang aus der Zurückgezogenheit an den befreundeten Dichter Bei Di geschrieben hat; ein Brief, der seine Empfindsamkeit widerspiegelt, und erfüllt ist von Einfachheit, Sympathie und innerer Anschauung:

> Am Ende dieses zwölften Monats bleibt das Wetter klar und angenehm. Ich hätte die Berge überqueren können, um Dich besuchen zu kommen; aber ich habe mich zurückgehalten, weil ich wußte, daß Du Dich ganz in Deine Studien der Klassiker vertieft hast. Ich habe mich deshalb zu den Hügeln aufgemacht und mich in den Tempel der Barmherzigkeit begeben. Nach einem frugalen Mahl in Gesell-

schaft der Mönche machte ich mich wieder auf den Heimweg. Nördlich der Schwarzen Quelle, die ich zu überqueren hatte, erhob sich der Mond und erhellte die Landschaft. Ich stieg auf den Huazi-Hügel, von wo aus ich sehen konnte, wie das Wasser des Wangchuan-Flußes im klaren Mondlicht Wellen warf. Durch die Bäume des Waldes schienen einige weit entfernte Feuer. Näher zu mir, am Rand der Wege, die ins Dorf führen, erhob sich Hundegebell, das wie das Heulen von Leoparden klang. Die Geräusche der Dörfler, die Reis mahlten, wurden gelegentlich von Glockenklang unterbrochen. Jetzt ist alles ruhig; selbst die junge Dienerin ist eingeschlafen. Ganz allein hier sitzend, gebe ich mich den Erinnerungen an die köstlichen Augenblicke hin, da wir Hand in Hand auf den Pfaden entlang des Flusses spazierten und Gedichte komponierten. Wenn doch nur der Frühling käme und die Pflanzen in den Bergen zum Erblühen brächte! Die anmutigen Fische zappeln im Wasser, und die Möwen fliegen pfeilschnell davon; in der Dämmerung erklingt der Gesang der Fasane vom Rand smaragdgrüner Felder, die noch glänzen vom Tau! Oh, die Zeit ist nicht mehr weit! Gewiß wirst Du bald kommen, um dich mit mir an dieser Landschaft zu erfreuen? Mit Deinem so erhabenen und einfühlsamen Geist kannst Du ihre ge-heimnisvolle Schönheit verstehen. Andernfalls hätte ich es nicht gewagt, Dich mit einer derart vergänglichen Einladung zu behelligen. Ich nutze die Gelegenheit und gebe diese Nachricht einem Holzlieferanten mit, der sie Dir überbringen wird.

Der Einsiedler in den Bergen
Wang Wei

Erster Teil

Die chinesische Malerei und der Begriff der Leere

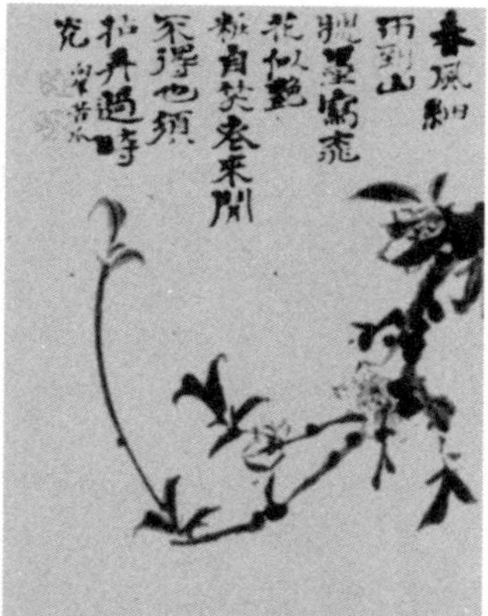

Einleitung

Im Verlauf unseres Versuchs, die Grundgedanken einer chinesischen Zeichentheorie zu skizzieren, haben wir uns immer wieder an einem zentralen, aber dennoch oft vernachlässigten (oder eben gerade deshalb vernachlässigten, weil zentralen) Begriff „gestoßen“ – dem der Leere. Nicht weniger fundamental als das berühmte Paar von Yin und Yang, kommt der Leere im System des chinesischen Denkens die Funktion des Angelpunktes zu. In gewisser Hinsicht ist die Leere „unhintergehbar“; ohne sie kann man die Art und Weise, in der Chinesen das Universum begriffen haben, kaum verstehen. Neben den philosophisch-religiösen Inhalten, auf die sie verweist, bestimmt die Leere den Mechanismus einer ganzen Reihe von Praktiken der Bedeutung (Malerei, Dichtung, Musik und Theater) sowie solcher mit Bezug zur Physiologie (Darstellungen des menschlichen Körpers, die als *Taiji quan* bezeichnete Gymnastik, Akupunktur, usw.). Sogar in der Kampfkunst und Kulinarik spielt sie eine wichtige Rolle.

In chinesischer Sicht ist die Leere nicht, wie man annehmen könnte, etwas Vages oder Inexistentes, sondern ein ausgesprochen dynamisches und aktives Element. Eng verbunden mit der Idee des Lebensatems und dem Prinzip des Wechselspiels von Yin und Yang, bildet die Leere den eigentlichen Schauplatz, an dem sich die Verwandlungen vollziehen; sie ist der Ort, wo die Fülle in die Lage versetzt wird, ihre wahrhaftige Bestimmung zu erreichen. Indem sie Diskontinuität und Umkehrbarkeit in ein vorgegebenes System einführt, erlaubt sie den einzelnen Bestandteilen, starre Entgegensetzungen und einseitige Entwicklungen zu überwinden, und eröffnet dem Menschen zugleich eine Möglichkeit, sich dem Universum ganzheitlich anzunähern.

Obwohl er für das chinesische Denken grundlegend ist, ist der Begriff der Leere nie systematisch untersucht worden, insbesondere was seine Anwendung in unterschiedlichen Bereichen der Praxis angeht. Gewiß gibt es nicht wenige Texte, in denen die Leere ein ums andere Mal erwähnt wird; die meisten behandeln sie indessen als etwas Naturgegebenes und halten es kaum je für nötig, sich an einer Definition zu versuchen. Folgerichtig sind Status und Funktion der Leere vollständig unbestimmt geblieben. Ungeachtet dieses Versäumnisses gibt es eine reale, wenn auch implizite Tradition, auf die sich alle beziehen. Um nur auf den Bereich der Kunst einzugehen: selbst ohne ein tieferes Verständnis akzeptieren Chinesen, seien sie nun Künstler oder lediglich Amateure, intuitiv die Leere als ein grundlegendes Prinzip. Betrachten wir zum Beispiel die drei Grundformen von Musik, Dichtung und Malerei. Ohne in Details zu gehen, können wir in unmittelbarer Annäherung sagen, daß die Leere in musikalischen Interpretationen in bestimmte synkopierte Rhythmen, in erster Linie aber in Stille übersetzt wird. Letzteres ist hier nicht als ein mechanisch kalkulierbares Zeitmaß zu verstehen; indem es die kontinuierliche Entwicklung unterbricht, schafft es einen Raum, der es den Tönen erlaubt, einander zu übertreffen und zu einer Art Resonanz jenseits der Resonanzen aufzusteigen.[1] In die Dichtung hält

1 *Huainanzi*, Kapitel I: “Das Formlose ist der Ahnherr des Seienden, das Tonlose der Aszendent der Resonanzen.”

die Leere Einzug durch die Unterdrückung bestimmter grammatikalischer Wörter, die man auch als „Leerwörter“ bezeichnet, sowie durch die Einführung einer originellen Form im Herzen des Gedichts: den Parallelismus.[2]

Indem sie Diskontinuität und Umkehrbarkeit im linearen und zeitlichen Ablauf der Sprache erzeugt, verrät diese Vorgehensweise den Wunsch des Dichters, eine offene Beziehung der Gegenseitigkeit zwischen dem Subjekt und der objektiven Welt herzustellen und damit zugleich die gelebte Zeit in belebten Raum zu verwandeln (diesen Aspekt werden wir in Kapitel 1 weiter ausführen). Trotzdem ist es die Malerei, wo sich die Leere am sichtbarsten und vollkommensten zeigt. In manchen Gemälden aus der Song- und Yuan-Zeit stellen wir fest, daß die Leere (der nicht-bemalte Raum) bis zu zwei Dritteln der Leinwand einnimmt. Vor einem solchen Gemälde empfindet selbst der unschuldigste Betrachter undeutlich, daß die Leere keine träge Präsenz ist, sondern durchzogen ist von Atemzügen, die die sichtbare mit der unsichtbaren Welt verbinden. Doch selbst in der sichtbaren Welt (des bemalten Raumes), zum Beispiel zwischen deren beiden Polen Berg und Wasser, zirkuliert die Leere, repräsentiert durch die Wolke. Als ein Zwischenzustand zwischen den zwei augenscheinlich entgegengesetzten Polen – die Wolke entsteht aus der Kondensation von Wasser, nimmt dabei aber zugleich die Form des Berges an –, verwickelt die Wolke die beiden Pole in einen Prozeß der wechselseitigen Verwandlung Berg <==> Wasser. In chinesischer Sicht erschienen Berge und Gewässer ohne die Leere zwischen ihnen in einem starren, und daher statischen, Verhältnis der

2 Dieses Vorgehen haben wir bereits in unserer Schrift *L'Écriture poétique chinoise* behandelt.

Gegensätzlichkeit, in dem beide, im Verhältnis zum jeweils anderen und eben durch diese Entgegensetzung, auf ihren einmal definierten Zustand festgelegt würden. Mit Hilfe der vermittelnden Leere erweckt der Maler den Eindruck, daß der Berg scheinbar in Leere übergehen und zur Form von Wellen zerschmelzen kann, während sich im Gegenzug das Wasser, nachdem es den Zustand der Leere durchlaufen hat, zum Gebirge aufzuwerfen vermag. Berg und Wasser werden mithin nicht als partielle, gegensätzliche und erstarrte Elemente wahrgenommen; sie verkörpern vielmehr das dynamische Gesetz der Wirklichkeit. Vor allem im Bereich der bildenden Kunst können wir dank der Leere, die die lineare Perspektive außer Kraft setzt, außerdem eine Beziehung des wechselseitigen Ineinanderübergehens feststellen, einerseits zwischen Mensch und Natur innerhalb des Gemäldes, andererseits aber auch zwischen dem Betrachter und dem Gemälde als Ganzes.

Angesichts dieser Beispiele aus Musik, Dichtung und Malerei fällt es schwer, von der aktiven Tätigkeit der Leere nicht beeindruckt zu sein. Die Leere ist das genaue Gegenteil eines „No Man's Land", das Neutralisation oder Kompromiß bedeuten würde, weil sie allein den Prozeß der Verinnerlichung und Verwandlung ermöglicht, durch den jedes Ding das ihm jeweils Eigene und Andere verwirklicht und zur Ganzheit gelangt. In diesem Sinne ist die Malerei in China eine Philosophie in Aktion; sie wird als eine sakrale Praxis verstanden, weil sie nichts weniger anstrebt, als die totale Erfüllung des Menschen, unter Einschluß seiner unbewußtesten Regungen. In seinem berühmten *Lidai minghua ji* schreibt Zhang Yanyuan: „Die Malerei vervollkommnet die Kultur, regiert die menschlichen Beziehungen und erkundet das Geheimnis des Universums. Ihr Wert gleicht dem der sechs kanonischen Klassiker; wie der Wechsel der Jahreszeiten regelt sie den Rhythmus von Natur und Mensch." Aus diesem Grund erörtert die vorliegende Studie die Malerei als ein Anwendungsfeld der Leere. Es ist wahr, daß die Dichotomie von Fülle und Leere auch in der bildenden Kunst des Abendlands geläufig ist. Im weiteren Verlauf dieser Abhandlung werden wir uns daher bemühen, die besondere Auffassung der Leere in China herauszuarbeiten.

Eine Lebensphilosophie in Aktion. Bevor wir uns der Leere in der Malerei zuwenden, müssen wir zuerst ihr philosophisches Fundament skizzieren. Dabei muß freilich betont werden, daß unser Vorhaben weniger rein philosophisch, als vielmehr zeichentheoretisch ist. Daraus ergeben sich folgende Konsequenzen:

1. Die Leere wird nicht so sehr als Begriff, sondern als Zeichen in den Blick genommen. Allerdings ist sie ein privilegiertes Zeichen, weil die anderen Einheiten in einem gegebenen System erst durch sie als Zeichen bestimmt werden. Wir werden uns deshalb in erster Linie mit ihrer funktionalen Rolle befassen.

2. Die Analyse wird sich auf die wichtigsten der erhaltenen theoretischen Texte stützen, in denen sich für jede Behauptung eine Vielzahl von Belegstellen anführen lassen. Dennoch muß sich der zeichentheoretische Blick von dem eines Exegeten oder Philologen unterscheiden. Das philosophische Denken, das von der Malerei in Anspruch genommen wird, und die Malerei als signifikante Praxis sind in einem kulturellen Zusammenhang entstanden, der mit unausgesprochenen, wenn nicht gar unbewußten Intentionen aufgeladen ist. Die Arbeit eines Zeichentheoretikers muß daher die explizite Tradition überwinden, dabei aber selbstverständlich die Gefahr vorschneller Schlußfolgerungen um-

gehen. Die Authentizität einer solchen Arbeit wird durch eine nach strengsten Maßstäben durchgeführte interne Analyse gewährleistet, die konstitutive Bestandteile freilegt und verschiedene Ebenen der Betrachtung unterscheidet; auf diese Weise werden wir die wichtigsten Eigenschaften und die tatsächlichen Funktionsgesetze der Leere begreifen.

Es steht zu hoffen, daß eine solche zeichentheoretische Analyse von mehr als lediglich akademischem Interesse ist. Sie soll auch dazu dienen, einige wesentliche und beständige Merkmale der chinesischen Kultur hervorzuheben. War die Leere von Anfang an Teil einer allumfassenden Anschauung, die den Versuch einer ebenso rationalen wie spirituellen Erklärung des Universums darstellte, ist sie auch später, trotz aller Veränderungen, die auf diese Anschauung eingewirkt haben, ein ursprüngliches Element der Art und Weise geblieben, in der Chinesen die objektive Welt begriffen haben. Zum „Schlüssel" des praktischen Leben geworden, bietet die Leere weniger eine „Erklärung" an (obgleich sie, aufbauend auf die Erfahrungen mehrerer Jahrtausende, aus einer ursprünglichen Einsicht geboren wurde); vielmehr geht es ihr um ein „Verständnis", oder „Einverständnis", und damit letztlich um eine Weisheit, die sich als Lebenskunst begreift. In der Wechselbeziehung mit einigen anderen Begriffen, wie dem des Lebensatems oder Yin und Yang, ist die Leere zweifellos die originellste und beständigste Affirmation einer besonderen Sicht des dynamischen und ganzheitlichen Lebens, die sich in China entwickelt hat. Dort beherrscht sie, und wird dies auf absehbare Zeit auch weiterhin tun, nicht nur die Domäne der Kunst, sondern auch eine Vielzahl genauso vitaler Praktiken wie die Akupunktur und das *Taiji quan*.

1. Die Leere in der chinesischen Philosophie

Die Idee der Leere findet sich bereits im Ursprungstext des chinesischen Denkens, dem *Buch der Wandlung.* Die entscheidende Stellung dieses Werkes zeigt sich darin, daß alle Schulen des Denkens, die in der Zeit der Kämpfenden Staaten (5. bis 3. Jh v. Chr.) entstanden sind, sich in Bezug auf dieses Buch positioniert haben oder von ihm beeinflußt worden sind.

Es sind unterdessen die Philosophen der taoistischen Schule, die die Leere ins Zentrum ihres Systems rücken. Die Grundzüge dieses Systems sind von den beiden Begründern der Schule formuliert worden: Laozi und Zhuangzi (letzterer lebte gegen Ende des 4. Jahrhunderts vor unserer Zeitrechnung). Wenig später, unter den Han, leistete Huainanzi einen wichtigen Beitrag zur Weiterentwicklung einiger Aspekte dieses Denkens. Vor allem auf die Schriften dieser Philosophen, die das Fundament der taoistischen Lehre bilden, sollten sich spätere Kunstkritiker bei der Ausarbeitung ihrer ästhetischen Theorien berufen. Ihren Anfang nahm die Tradition des Denkens über die Kunst übrigens unter den Sechs Dynastien (3.–4. Jahrhundert unserer Zeitrechnung), einer Epoche, die vom Neutaoismus geprägt war. Vertreter dieser Richtung, wie Wang Bi, Xiang Xiu, Guo Xiang oder auch Liezi (dessen Schriften in dieser Zeit wiederentdeckt wurden), erneuerten das taoistische Denken eben dadurch, daß sie den Begriff der Leere stärker betonten.

Gleichwohl war der Begriff nicht das alleinige Eigentum der Taoisten. Andere Philosophen haben ihn in ihre Systeme eingebaut und ihm dabei mehr oder weniger große Bedeutung zugemessen. Abhandlungen über die Leere begegnen uns bei Xunzi[3] und Guanzi (Konfuzianer der eine, Legalist der andere), zwei Zeitgenossen des Zhuangzi. Später, unter der Tang-Dynastie (7.–9. Jh.), wird die Leere zu einem wichtigen Thema bei den Großmeistern des Chan-Buddhismus; unter den Song (10.–13. Jh.) findet sie Eingang in die kosmologischen Konzeptionen der Neukonfuzianer.

Da unsere Studie nicht das Ziel verfolgt, die Entwicklung der Idee der Leere nachzuzeichnen, sondern ihr philosophisches Fundament in bestimmten praktischen Anwendungsbereichen herauszuarbeiten, beschränken wir uns im folgenden auf die Grundtexte des Taoismus (Laozi, Zhuangzi und gelegentlich Huainanzi), nicht zuletzt, weil sie alle für uns wesentlichen Elemente enthalten und sich das spätere ästhetische Denken, wie bereits erwähnt, fast ausschließlich auf sie beziehen wird.

Im Bemühen, uns der Wirklichkeit der Leere anzunähern, werden wir drei Aspekte behandeln: die Art und Weise, in der die Leere aufgefaßt wird; ihre Beziehung zum Begriffspaar Yin-Yang; und die Implikationen der Leere für das menschliche Leben.

3 Granet, S. 464: "Nach Xunzi muß man das Herz, um Irrtümer zu vermeiden, leer, gesammelt und in einem Zustand der Ruhe halten. Unter der Leere des Herzens versteht er keine ekstatische Leere, sondern einen Zustand der Unparteilichkeit. ... Das Urteil muß sich auf das gesamte Objekt beziehen; es ist wertlos, wenn es aus der Anstrengung um eine geistige Synthese resultiert."

1. DER BEGRIFF DER LEERE

In den Texten von Laozi und Zhuangzi läßt sich eine gewisse Verwirrung über den Status der Leere kaum leugnen; sie wird als zugehörig zu zwei Domänen verstanden: dem Noumenalen und dem Phänomenalen.[4] Sie erscheint gleichzeitig als der höchste Zustand des Ursprungs und das zentrale Element im Räderwerk der dinglichen Welt. In taoistischer Perspektive erscheint diese doppelte Natur der Leere keineswegs als zweideutig. Ihr ursprünglicher Zustand gewährleistet in gewisser Weise die Wirksamkeit ihrer funktionalen Rolle; und umgekehrt bezeugt gerade ihre Funktion, alle Dinge zu regeln, die Wirklichkeit der uranfänglichen Leere.

Obwohl sich die beiden Aspekte der Leere unaufhörlich überlagern, wollen wir sie hier aus Gründen der Klarheit nacheinander untersuchen.

a) Die Leere als Teil des Noumenalen

Die Leere ist die Grundlage der taoistischen Ontologie. Das, was vor Himmel und Erde *ist*, ist das Nicht-Seiende, das Nichts, die Leere. Terminologisch beziehen sich zwei Wörter

4 So unzureichend sie auch sein mag, erscheint uns die Dichotomie Noumenon/Phänomen doch geeigneter zum Verständnis des chinesischen Denkens als der Gegensatz Transzendenz/Immanenz. Unter dem Noumenon verstehen wir das, was sich auf den Ursprung, auf das noch Ununterschiedene, Virtuelle bezieht. Phänomen dient uns als Be-zeichnung der konkreten Erscheinung des geschaffenen Universums. Das Paar Noumenon-Phänomen ist weder voneinander getrennt, noch steht es in einfachem Gegensatz zueinander; auf unterschiedlichen Ebenen angesiedelt, besteht zwischen beiden eine organische Verbindung.

auf die Leere: *wu* und *xu* (Buddhisten werden später einen dritten Terminus bevorzugen: *kong*). Eng miteinander verwandt, werden beide mitunter verwechselt. Unter Bezug auf die Antonyme, die sie beschwören, lassen sich beide dennoch definieren. So wird *wu*, dessen Gegenteil *you*, „haben", ist, im Westen gewöhnlich mit „Nicht-Seiendes" oder „Nichts" übersetzt, während *xu*, dessen Gegenstück *shi*, „voll, Fülle", ist, mit „Leere" wiedergegeben wird.

Obwohl der Ursprung des Universums bei Laozi wie bei Zhuangzi in den meisten Fällen als *wu*, „Nichts", bezeichnet wird, findet *xu* Verwendung, wenn es darum geht, den ursprünglichen Zustand zu beschreiben, dem alle Dinge zustreben. Seit der Song-Zeit, und vor allem dank des Philosophen Zhang Zai, der den Ausdruck *taixu*, „Höchste Leere" geprägt hat, wird *xu* dann zu einem eigenen Terminus zur Bezeichnung der Leere.

> *Laozi*[5] (Kapitel XL): Aus dem Seienden sind die Zehntausend Dinge geboren; das Seiende ist aus dem Nicht-Seienden (*wu*) geboren.
>
> *Zhuangzi* (Kapitel „Himmel und Erde"): Am Anfang steht das Nichts (*wu*); das Nichts ist namenlos. Aus dem Nichts wird das Eine geboren; das Eine ist formlos.
>
> *Laozi* (Kapitel XVI): Angekommen am Gipfel der Leere (*xu*), festhaltend die Stille, die Stete. Während die zehntausend Dinge einig zusammenwirken, ist es an mir, die Rückkehr zu erwägen.

5 In Ermangelung spezifischer Titel bedient man sich in China zur Bezeichnung des Gesamtwerks großer Philosophen im allgemeinen der Namen der jeweiligen Denkers. Die Werke Zhuangzis und Huainanzis werden folglich *Zhuangzi* und *Huainanzi* genannt. Das Werk des Laozi ist unter dem Titel *Daodejing* (*Das Buch vom Weg und von der Tugend*) bekannt; aus Tradition wie aus praktischen Beweggründen bezeichnen wir es hier als Laozi.

Zhuangzi (Kapitel „Himmel und Erde"): Wer seine urtümliche Tugend ergreift, wird eins mit dem Ursprung des Universums – und durch ihn mit der Leere (*xu*).

Huainanzi (Kapitel „Die Gesetze des Himmels"): Der Ursprung des Tao ist die Leere. Aus der Leere wird der Kosmos geboren, von dem der Lebensatem ausgeht.

Aus den letzten zwei Zitaten geht hervor, daß die Leere mit dem Tao, dem „Weg", verbunden ist. Es scheint nützlich, dieses Verhältnis hier zu präzisieren. Unter erheblicher Vereinfachung könnte man sagen, daß das Tao auf einen allgemeineren Inhalt verweist als die Leere. Manchmal steht es für den Ursprung und wird so mit der Leere vermischt; an anderen Stellen erscheint es als eine Manifestation der Leere; und in wieder anderen Zusammenhängen und in einer noch weiteren Bedeutung umfaßt es die Gesamtheit des geschaffenen Universums, welche ihm immanent ist. In den folgenden beiden Passagen hat Laozi versucht, das Tao als Manifestation der Leere zu „beschreiben":

Laozi (Kapitel XXV): Ein Ding gibt es chaotischer Art, das noch vor Himmel und Erde ward. Tonlos ist es, gewiß, und bestimmt auch grenzenlos. Unverändert und nur auf sich gestellt, wandelt es ungefährdet und absichtslos im Kreis. Man kann es ansehen als die Mutter der Welt. Sein Name ist unbekannt; wollten wir es bezeichnen, so könnten wir es den Weg nennen.

Laozi (Kapitel XIV): Was man nicht sieht, so sehr man danach schaut, heißt Unsichtbar; was man nicht hört, so sehr man danach lauscht, heißt Unhörbar; was man nicht ergreift, so sehr man danach faßt, heißt Ungreifbar. Drei Dinge, die man nicht erklären kann, chaotisch sind sie zum Einen verbunden. Sein Oben ist nicht hell; sein Unten ist nicht dunkel. Unendlich, unbestimmt, erstreckt es sich bis zurück ins Nicht-Dingliche. ... Beschreiben könnte man es als die Form des Formlosen, das Bild dessen, was kein Abbild hat.

Zhuangzi wiederum lehrt, daß man den Weg nur in Entsprechung zur Leere begreifen kann:

> *Zhuangzi* (Kapitel „Erkenntnis reist in den Norden"): Ohne-Anfang sprach: „Das Tao ist unbegreiflich; was man begreift, ist nicht das Tao. Das Tao ist unsichtbar; was man sehen kann, ist nicht das Tao. Das Tao kann nicht ausgesagt werden; was ausgesagt werden kann, ist nicht das Tao. Das, was alle Formen in sich begreift, ist selbst formlos. Man kann das Tao nicht mit Namen nennen." Und er fügte hinzu: „Wer auf die Frage nach dem Tao antwortet, kennt nicht das Tao; allein die Frage nach dem Tao zu stellen, offenbart, daß man noch nie vom Tao gehört hat. In Wirklichkeit erträgt das Tao weder Fragen noch Antworten auf Fragen. Nach dem Tao, das keine Fragen zuläßt, zu fragen, heißt, es als ein endliches Ding zu betrachten. Auf das Tao zu antworten, das keine Antworten enthält, heißt, es für ein Ding bar jeder Innerlichkeit zu halten. Wer immer Antworten gibt über das, was keine Innerlichkeit hat, und Fragen über das stellt, was endlich ist, hat weder das äußere Universum noch seinen inneren Ursprung begriffen. So jemand wird das Kunlun-Gebirge nicht überqueren; er wird noch nicht einmal bis zur Höchsten Leere kommen."

b) *Die Leere als Teil des Phänomenalen*

Nachdem wir die Vorrangstellung der Leere in der taoistischen Ontologie bestätigt haben, gilt es, die Bedeutung zu unterstreichen, die der Rolle des Leeren im Bereich der materiellen Welt zukommt. Wenn das Tao seinen Ursprung in der Leere hat, dann funktioniert es, als belebendes Prinzip der zehntausend Dinge, nur aufgrund der Leere, von der der uranfängliche Hauch und alle anderen Lebensenergien ausgehen. Die Leere ist nicht nur der höchste Zustand, dem man entgegenstreben muß; selbst als eine Substanz verstanden, greift sie ins Innere aller Dinge ein, ins Herz ihrer jeweiligen Substanz und Wandlungen.

Die Leere strebt zur Fülle. Tatsächlich ist sie es, die den „vollen" Dingen erlaubt, ihre wahre Fülle zu erreichen. Laozi kann daher sagen: „Die große Fülle ist wie leer; deshalb ist sie unversiegbar." (Kapitel XLV) Und an anderer Stelle: „Der Weg fließt inmitten der Leere; das ist sein Gebrauch. Dennoch kennt er weder Überfluß noch Mangel." (Kapitel IV) In der Ordnung der Wirklichkeit findet die Leere eine konkrete Abbildung: das Tal. Ausgehölt und sozusagen leer, versorgt und ernährt es dennoch alle Dinge; indem es die Dinge in seinem Schoß trägt, schließt es sie in sich ein, ohne jemals überzuquellen oder zu versiegen.

Laozi (Kapitel VI): Unsterblich ist die Fee des Tals: man nennt sie die Mystische Weiblichkeit. Die mystische Weiblichkeit hat eine Öffnung, aus der Himmel und Erde hervorgehen. Die unsichtbare Quelle strömt unaufhörlich; wir schöpfen aus ihr, ohne sie je zu erschöpfen. (Die Fee steigt ins Tal hinab und wieder herauf; das ist der Atem. Fee und Tal halten einander umarmt; das ist das Leben.)

Laozi (Kapitel XXVIII): Bewußtsein des Hahns und Aufnahmefähigkeit der Henne waren der Erde Quell. Als Quell der Erde erhielten beide die Einheit der beständigen Tugend und kehrten heim in die Kindheit. Bewußtsein des Hellen und Aufnahmefähigkeit des Dunklen waren der Erde

Maß. Als Maß der Erde erhielten beide die Rechtmäßigkeit der beständigen Tugend und kehrten heim ins Grenzenlose. Bewußtsein der Würde und Aufnahmefähigkeit der Schande waren der Überlauf der Erde. Als Überlauf der Erde beschieden sich beide mit der beständigen Tugend und kehrten heim zum Groben und Schlichten.

Zhuangzi (Kapitel „Himmel und Erde"): „Meister, wohin gehen Sie?", fragte Wirbelwind. „Ins Tiefe Tal", antwortete Dunkle Größe. „Warum?" „Das Tiefe Tal ist der Ort, wo man gießt, ohne je zu füllen, und schöpft, ohne je zu erschöpfen."

Das Bild des Tals ist verbunden mit dem des Wassers. Das Wasser, anscheinend so unbeständig wie der Lebensatem, durchdringt und belebt alles. Überall macht die Fülle den sichtbaren Teil der Struktur aus, doch die Leere strukturiert den Gebrauch.

Laozi (Kapitel LXXVIII): Nichts auf Erden ist so weich und schwach wie das Wasser. Dennoch: was käme dem Wasser beim Angriff auf das Feste und Starke gleich? Die Leere in ihm gibt ihm die Kraft zur Verwandlung.

Laozi (Kapitel XLIII): Das Allerweichste in der Welt wird dereinst über das Härteste obsiegen. Das-was-nicht-ist durchdringt das-was-ohne-Leere-ist. Daran erkennen wir die Vorzüge des Nicht-tuns.

Ausgehend von den in den letzten beiden Zitaten enthaltenen Prämissen, verweisen Laozi und Zhuangzi vielerorts auf konkrete Beispiele, um den Gebrauch der Leere zu veranschaulichen.

Laozi (Kapitel V): Der Zwischenraum von Himmel und Erde gleicht einem Blasebalg. Obgleich leer, bleibt er unerschöpflich; obschon bewegt, verlangt er nichts als zu atmen. Wir reden und reden und ermitteln in einem fort; besser wäre es, wir hielten uns an die Mitte (Die zehntausend Dinge leben immer schon eingegliedert in die große Bewegung, welche von der Leere angestoßen wird, die alles durchdringt. Die Höhlung zwischen Himmel und Erde sammelt das Leben; sie ist die vitale Verknüpfung, das lebendige Zentrum, der Ort, an dem sich Einflüsse und Wechsel formieren.)

Laozi (Kapitel XI): Dreißig Speichen treffen sich in einer einzigen Nabe; die Leere im Rad ermöglicht seinen Gebrauch. Aus einem Klumpen Lehm formt man eine Vase; die Leere in der Vase ermöglicht ihren Gebrauch. Man meißelt Türen und Fenster aus zur Wohnung; die Leere in der Wohnung ermöglicht ihren Gebrauch. Das Seiende bringt Gewinn, aber erst das Nicht-Seiende erlaubt den Gebrauch.

Zhuangzi (Kapitel „Diskurs über das Schwert"): Hierin besteht meine Kunst: ich mache meine Leere sichtbar. Ich eröffne den Kampf, indem ich meinen Widersacher mit einem scheinbaren Vorteil anlocke; ich attackiere zuletzt, aber ich treffe zuerst.

Zhuangzi (Kapitel „Pflege des Lebens"): Die Gelenke eines Ochsen haben Zwischenräume; die Schneide des Schlachtermessers hat keine Dicke. Wer es versteht, die schlanke Schneide durch die Zwischenräume zu führen, der handhabt sein Messer mit Geschick, weil er von der Leere ausgeht.

Zhuangzi (Kapitel „Himmel und Erde"): Leere ist Größe. Sie gleicht dem Vogel, der spontan zu singen anhebt und eins wird mit dem Universum.

2. ZUM VERHÄLTNIS DER BEGRIFFSPAARE LEERE-FÜLLE UND YIN-YANG

Bevor wir dieses Verhältnis untersuchen, scheint es angezeigt, die Grundlagen der taoistischen Kosmologie zu präzisieren. Letztere hat so viele Kommentare und Abhandlungen angeregt, daß es ganz unmöglich wäre, sie hier zusammenfassen zu wollen. Für unsere Zwecke genügt es, Kapitel XLII des *Laozi* zu zitieren, das die grundlegenden Begriffe enthält, deren wir uns bisher bedient haben: die Leere, das Tao, den uranfänglichen Hauch, den Lebensatem, Yin und Yang, die zehntausend Dinge, usw.:

> Das Tao des Ursprungs erzeugt die Einheit
> Die Einheit erzeugt die Zweiheit
> Die Zweiheit erzeugt die Dreiheit
> Die Dreiheit erzeugt die zehntausend Dinge
> Die zehntausend Dinge tragen das Yin auf dem Rücken
> Und umarmen das Yang
> Der Einklang entsteht aus dem Hauch der Leere in ihrer Mitte

In grober Vereinfachung können wir diese Passage wie folgt erklären. Das Tao des Ursprungs wird als die Höchste Leere verstanden, von der die Einheit ausgeht, die nichts anderes ist als der uranfängliche Hauch. Dieser erzeugt die Zweiheit, die verkörpert wird von den beiden Aspekten des Lebensatems, d.h. Yin und Yang. Das Yang, als aktive Kraft, und das Yin, als empfangende Sanftheit, regeln durch ihre Wechselwirkung die Erscheinungen des Lebensatems, von denen die zehntausend Dinge in der erschaffenen Welt belebt werden. Doch zwischen der Zweiheit und den zehntausend Dingen nimmt die Dreiheit Platz.

In taoistischer Sicht ist die Dreiheit die Kombination aus Yin und Yang, als Aspekten des Lebensatems, und der Leere in ihrer Mitte, von der in der letzten Zeile der zitierten Passage die Rede ist. Die vermittelnde Leere, selbst ein Ausdruck des Lebensatems, wirkt aus dem uranfänglichen Hauch, aus dem sie ihre Kraft bezieht. Für die harmonische Tätigkeit des Paares Yin-Yang ist die Leere unverzichtbar: sie ist es, die die Aspekte des Lebensatems in den Prozeß des wechselseitigen Werdens hineinzieht. Ohne sie verharrten Yin und Yang in einem starren Gegensatzverhältnis, blieben beide statische Substanzen, ganz so als seien sie formlos. Eben diese Dreierbeziehung zwischen Yin, Yang und der Leere in ihrer Mitte gebiert die zehntausend Dinge und dient ihnen zugleich als Modell. Die vermittelnde Leere, die inmitten des Paares Yin-Yang zuhause ist, wohnt auch im Innersten der Dinge; sie haucht ihnen Atem und Leben ein, hält ihre Beziehung zur Höchsten Leere aufrecht und erlaubt ihnen so, zu innerer Wandlung und harmonischer Einheit zu finden. Die chinesische Kosmologie ist mithin von einer doppelt gekreuzten Bewegung bestimmt, die man durch zwei Achsen darstellen kann: eine vertikale Achse, die das Kommen und Gehen von Leere und Fülle repräsentiert, wobei die Fülle aus der Leere kommt und die Leere in der Fülle fortwirkt; und eine horizontale Achse, die die Wechselwirkung der beiden komplementären Pole Yin und Yang im Herzen der Fülle darstellt, einer Fülle, aus der die zehntausend Dinge hervorgehen, zu denen selbstverständlich auch der Mensch gehört, der Mikrokosmos par excellence.

Man darf die beiden Begriffspaare Leere-Fülle und Yin-Yang daher nicht einfach verwechseln. Die folgenden Figuren des *taiji* verdeutlichen ihren Unterschied und offenbaren zugleich die intime Verbindung, durch die sie vereint sind:

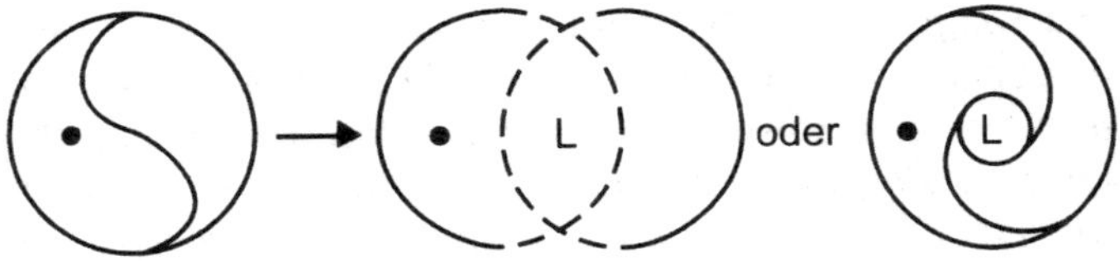

Ein binäres System, das dreistellig wäre; und ein dreistelliges System, das einstellig wäre (Tao): 2 = 3, 3 = 1. Solcherart ist der augenscheinlich paradoxe, und doch fortwirkende Ausgangspunkt des chinesischen Denkens.[6] Die Leere erscheint keineswegs als ein neutraler Raum, der lediglich dazu diente, den Schock abzumildern, ohne die Natur des Gegensatzes zu verändern. Sie ist der aus dem Virtuellen und Werdenden gewobene Knotenpunkt, in dem Mangel und Fülle, das Eigene und das Andere einander begegnen. Diese Auffassung bezieht sich gleichermaßen auf die Dinge in

6 Granet, *Das chinesische Denken*, S. 232 (S. 210–211 der dt. Übersetzung v. M. Porkert): "Die Eins bedeutet nie etwas anderes als das Ganze, und die Zwei weist im Grunde nur auf das Paar hin. Die Zwei steht für das Paar, für welches der Wechsel von Yin und Yang charakteristisch ist. Und Eins, das Ganze, ist der Angelpunkt, der weder *yin* noch *yang* ist, auf den aber der Wechsel von Yin und Yang bezogen ist. Die Eins steht für das Mittelquadrat, das nicht zählt (wie die Nabe, von der die taoistischen Autoren behaupten, daß sie die Funktion des Rades erst ermögliche, weil sie leer ist) ... Das zugleich eine Einheit und ein Paar darstellende Ganze, will man es in einer Zahl ausdrücken, findet sich in allen ungeraden Zahlen, und zwar zuallererst in der Drei (die Eins plus Zwei ist). Wie wir sehen werden, wird die drei als nahezu vollwertiger Ausdruck der Einstimmigkeit aufgefaßt."

der Natur (beispielsweise auf das, was wir oben zum Sujet Berg und Wasser in der Malerei gesagt haben) wie auch auf den menschlichen Körper (wohlgemerkt im Einklang mit einer Sicht, derzufolge der menschliche Leib, der von *shen*, dem „Geist“, und *jing*, der „Essenz“ bzw. Herz und Bauch beherrscht wird, seinen Einklang durch die vermittelnde Leere findet, die den Lebensatem reguliert, von dem der Körper belebt wird):

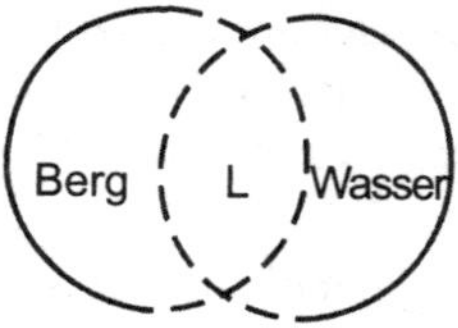

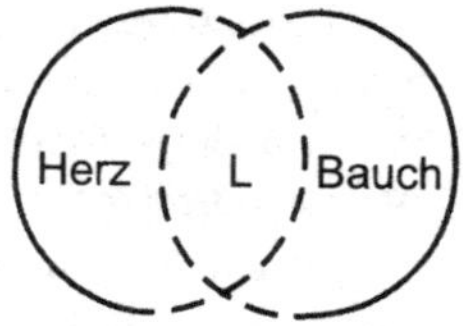

3. DIE LEERE IM MENSCHLICHEN LEBEN

Dem menschlichen Leben wird in der chinesischen Philosophie bekanntlich ein besonders herausgehobener Platz zuerkannt. Mensch, Himmel und Erde bilden die drei Genien des Universums. Obwohl er ein ganz eigenes Wesen ist, vereint der Mensch in sich die Tugenden des Himmels und der Erde; es ist seine Bestimmung, sie zum Einklang zu bringen. Die Konfuzianer beschäftigen sich am intensivsten mit dem menschlichen Schicksal und der eingeborenen Natur des Menschen (*renxing*). Später vertiefen sich die Buddhisten eingehend in das Problem des menschlichen Begehrens (*renyu*). Die Taoisten, deren erstes Ansinnen darin besteht, sich der Bewegung von Natur und Kosmos anzupassen, sprechen ihrerseits vom Herzen oder menschlichen Geist (*renxin*).

Dem chinesischen Denken und besonders den Taoisten zufolge wird die Eintracht zwischen Mensch und Universum zuallererst dadurch gewährleistet, daß der Mensch ein Wesen ist, daß nicht nur aus Fleisch und Blut besteht; er besitzt darüber hinaus die Leere.

Buch der Riten: Der Mensch entsteht aus der Vereinigung der Tugend von Himmel und Erde, aus der Begegnung von Yin und Yang, aus der Versammlung der niederen Geister *gui* und der höheren Geister *shen*, und aus den feinsten Atemzügen der fünf Elemente.

Huainanzi: Die Heiligen erkennen den Himmel als ihren Vater an, die Erde als ihre Mutter, Yin und Yang als Nabelschnur und die vier Jahreszeiten als Leitfaden.

Zhuangzi (Kapitel „Erkenntnis reist in den Norden"): Der Mensch wird aus einer Verdichtung des Lebensatems geboren.

Zhuangzi (Kapitel „Äußere Dinge"): Der Leib des Menschen hat eine doppelte Leere; das Herz des Menschen hat seine eigene Sicht des Himmels.

Zhuangzi (Kapitel „Qualen des Herzens"): Durch seine Leere und Ruhe kommt der Heilige mit der Tugend des Himmels zusammen.

Zhuangzi (Kapitel „Himmel und Erde"): Bei seiner Vollendung besitzt das geschaffene Wesen einen gegliederten Leib. Dieser Leib bewahrt die Seele. Seele und Leib sind eigenen Gesetzen unterworfen. Dies nennt man die eingeborene Natur. Wer seine Natur vervollkommnet, kehrt zurück zu seiner ursprünglichen Tugend. Wer zu seiner ursprünglichen Tugend findet, wird eins mit dem Ursprung des Universums und dadurch mit der Leere.

Durch die Leere kann das Herz des Menschen zum Maßstab oder Spiegel seiner selbst und der Welt werden. Weil er die Leere besitzt und eins ist mit der ursprünglichen Leere, befindet sich der Mensch an der Quelle aller Bilder und Formen. Er ergreift den Rhythmus von Raum und Zeit und meistert das Gesetz der Verwandlung.

> *Laozi* (Kapitel XXII): Sich biegen, um seine Integrität zu wahren; sich beugen, um aufrecht zu bleiben; sich leeren um der Fülle willen; sich austrocknen für einen Neuanfang. Mit wenigem findet man, mit vielem verliert man. Die Heiligen umfaßten das Eine und wurden zum Richtmaß der Welt.
>
> *Zhuangzi* (Kapitel „Der Weg des Himmels"): Oh, wie groß ist der Weg des Heiligen! Er ist der Spiegel des Universums und aller Wesen. Die Leere, die Ruhe, die Gleichgültigkeit, die Geschmacklosigkeit, das Schweigen und das Nicht-Tun sind das Lot für das Gleichgewicht des Universums, die Vervollkommnung des Weges und der Tugend. Aus diesem Grund verharren Herrscher und Heilige stets in Zurückgezogenheit. Die Zurückgezogenheit führt sie zur Leere, einer Leere, die Fülle ist, und einer Fülle, die Ganzheit bedeutet. Die Leere verleiht der Seele eine Verfügbarkeit, die bewirkt, daß jede vollzogene Handlung wirksam ist.
>
> *Zhuangzi* (Kapitel „Die Welt der Menschen"): Höre nicht mit den Ohren, sondern mit Deinem Geist; höre nicht mit Deinem Geist, sondern mit Deinem Lebensatem. Die Ohren begnügen sich nicht damit zu hören, und der Geist gibt sich nicht mit der Darstellung zufrieden. Nur der Lebensatem, der nichts anderes ist als die Leere, kann sich an die äußeren Dinge anpassen. Das Tao hält sich an die Leere. … Aus der Leere des Geistes quellt Licht hervor; dort findet sich das Heil des Menschen. Wer ohne Heil ist, wird ein

sitzender Streuner genannt. Wer sein Gehör und seinen Blick in inneres Verständnis verwandelt und seinen Verstand und seine Kenntnisse vernachlässigt, zu dem werden Manen und Geister kommen. In all dem besteht das Geheimnis der Verwandlung.

Erst wenn das menschliche Herz zu einem Spiegel seiner selbst und der Welt wird, eröffnet sich die wahrhaftige Möglichkeit zu leben. Wir berühren hier ein wesentliches Problem: das menschliche Leben in seiner Eigenschaft als Dauer im Verhältnis zu Raum und Zeit. Dieses Verhältnis ist einmal mehr auf die Bejahung der Leere gegründet, die einen beständigen qualitativen Wandel inmitten von Raum und Zeit und damit zugleich im menschlichen Leben bewirkt. Werfen wir einen Blick auf die gewiß lakonischen Passagen, in denen Laozi seine Gedanken zu diesem Problem darlegt:

> *Laozi* (Kapitel II): Die Heiligen entledigen sich ihrer Aufgaben, ohne sich mit ihnen aufzuhalten; und weil sie sich nicht aufhalten, bleiben sie für immer.
>
> *Laozi* (Kapitel XXX): Übermäßige Entwicklung heißt, dem Alter zuzueilen. Es heißt, vom Weg abzuweichen. Vom Weg abzuweichen aber bedeutet den Untergang.
>
> *Laozi* (Kapitel XXXII): Wer sich mit dem zufrieden geben kann (was er hat), ist reich. Wer standhaft am Tao festhält, wird vollkommen. Wer in seiner Unterkunft verharrt, lebt lang und stirbt, ohne in seinem langen Leben zu verkümmern.
>
> *Laozi* (Kapitel XLIV): Wer im Übermaß liebt, erschöpft sich; wer zuviel anhäuft, verliert viel. Wer mit wenig zufrieden ist, hat nichts zu fürchten. Wer innezuhalten weiß, wird sich erhalten und gewiß ein langes Leben haben.

Laozi (Kapitel XV): Diejenigen, die dem Weg folgten, weigerten sich, sich anfüllen zu lassen. Weil sie nie angefüllt waren, konnten sie dauern, ihre Keime bewahren und der vorzeitigen Vollendung entkommen.

Laozi (Kapitel XXV): Sein Name ist uns unbekannt, seine Bezeichnung ist: der Weg. Weil wir seinen wahren Namen nicht kennen, nennen wir ihn Groß. Groß heißt, daß er sich ergießt, daß er sich immer weiter verströmt und dereinst in der Ferne die Rückkehr veranlassen wird.

Laozi (Kapitel XVI): Angekommen am Gipfel der Leere, festhaltend die Stille, die Stete. Während die zehntausend Dinge einig zusammenwirken, ist es an mir, die Rückkehr zu erwägen. ... Das Beständige zu erkennen, eröffnet Zugang zum Unendlichen, das Unendliche zum Allumfassenden, das Allumfassende zum Königtum, das Königtum zum Himmel, der Himmel zum Weg, der Weg zu einem dauerhaften Leben, in dem der Tod mir nichts anhaben kann.

In diesen Zitaten wird Laozis Besorgnis um die Dauer spürbar. Die Dauer impliziert in seinen Augen den Zugang zum Weg; sie bedeutet soviel, wie dauern um zu leben, leben ohne zu sterben oder auch sterben ohne zu verkümmern. Wenn das menschliche Leben eine Strecke im Lauf der Zeit ist, dann ist es unabdingbar, inmitten dieser Strecke, das zu bewirken, was Laozi die Rückkehr nennt. Die Rückkehr wird dabei nicht nur als eine Etappe verstanden, die „danach" kommt. Vielmehr ereignet sie sich zeitgleich auf der Strecke; sie ist ein konstitutiver Bestandteil der Zeit. Wie ist es möglich, im Zusammenhang des Lebens an diesem Prozeß des Werdens und Wachsens teilzuhaben, der notwendigerweise Entfernung und Absonderung einschließt, indem er die Rückkehr (zum Ursprung) vollzieht? Dank der Leere, antwortet der Taoist. Wann immer sie in den linearen

Ablauf der Zeit eingreift, führt die Leere dort eine zirkuläre Bewegung ein, die das Subjekt mit dem ursprünglichen Raum verbindet. Einmal mehr erweist sich damit, daß die Leere, die gleichzeitig dem Herzen des Ursprungs und dem Inneren aller Dinge innewohnt, das reibungslose Funktionieren des Lebens im Rahmen von Zeit und Raum gewährleistet. In dem Maße, in dem die lebendige Zeit nichts anderes ist als eine Aktualisierung des belebten Raums, erscheint die Leere als eine Art Regler, der jede Etappe des gelebten Lebens in einen vom Lebenshauch beseelten Raum verwandelt, als eine unverzichtbare Bedingung, die Möglichkeit wahrhaftiger Fülle zu erhalten.

Gerade haben wir die taoistischen Vorstellungen zum grundlegenden Problem von Zeit und Raum zusammengefaßt. Allerdings sind die Anmerkungen Laozis zu lakonisch, als daß sie es zu gestatteten, ihre sämtlichen Implikationen zu entwirren. Um ein vollständigeres Verständnis zu erlangen, ist es deshalb nützlich, den weiteren kulturellen Kontext und vor allem das *Buch der Wandlung*, dessen überragende Bedeutung wir bereits am Beginn des Kapitels angedeutet haben, in Betracht zu ziehen.

Die Grundidee des *Buchs der Wandlung* ist, wie schon sein Titel andeutet, die Vorstellung der Wandlung, die alle Dinge und besonders die Beziehungen zwischen den drei Wesenheiten Himmel, Erde und Mensch regelt. Aus Sicht des Menschen heißt das: da er neben seiner eigenen Natur auch die Tugenden von Himmel und Erde besitzt, kann er sich nur dadurch vollenden, daß er beide verwirklicht. Aus diesem Blickwinkel stellen Himmel und Erde in ihrem Zusammenwirken zugleich Raum und Zeit dar (später, unter den Han, stoßen wir im *Huainanzi* auf den Terminus *yuzhou*, „Raum-Zeit“, als Bezeichnung für das Universum). Die Zeit, die wesenhaft mit der Erde verbunden ist, erscheint hier als Aktualisierung des belebten Raums; und der Raum, der wesenhaft mit dem Himmel verknüpft ist, als Garant der Richtigkeit der Zeit, eben weil er belebt ist. Die beiden sind zusammengehörig und wandelbar, sie werden vom selben Lebensatem beseelt. Insofern sie aus Leben in Wandlung bestehen, sind weder Zeit noch Raum abstrakte und vereinzelte Begriffe oder Rahmen; sie verkörpern vielmehr selbst die Qualität des Lebens.

An dieser Stelle verdient eine wichtige Tatsache Erwähnung: beide Hauptströmungen des chinesischen Denkens, sowohl Konfuzianismus als auch Taoismus, beziehen sich auf das *Buch der Wandlung*, setzen in dessen Auslegung jedoch unterschiedliche Schwerpunkte. Während Konfuzius in der Welt die Tugend des Himmels, und damit das Yang, entfaltet, das den Menschen in die Lage versetzt, die Erde zu beherrschen (das *Buch der Wandlung* zitierend heißt es bei Konfuzius: „Nach dem Vorbild des dynamisch fortschreitenden Laufs des Himmels arbeitet der Edle an sich ohne Unterlaß"), betont Laozi den Prozeß, vermittels dessen der Mensch dem Gesetz der Erde, die das Yin behaust, Folge leistet, um sich damit dem Himmel zu fügen. Aus den unterschiedlichen Akzentsetzungen ergeben sich Einstellungen, die nicht so sehr verschieden als vielmehr komplementär sind. Der konfuzianische Mensch engagiert sich in der Welt und verfügt über einen starken Sinn für die Zeit und das allmähliche Werden (Konfuzius sagt etwa: „Als ich fünfzehn war, hatte ich mich zum Lernen entschieden; mit dreißig, nach der Einführung ins Ritual, stand ich fest; mit vierzig war ich mit dem Weg und der Tugend bestens vertraut; mit fünfzig kannte ich den Willen des Himmels; mit sechzig besaß ich vollkommenes Urteilsvermögen; und mit siebzig folgte ich meinen Wünschen, ohne jemals gegen die Regeln zu verstoßen"); der taoistische Mensch, dessen Blick zum Himmel gerichtet ist, strebt in erster Linie nach einem inneren Einverständnis mit dem Ursprung, der die Zeit transzendiert. Dies geht soweit, daß ein moderner chinesischer Philosoph, Fang Dongmei, davon sprechen konnte, daß der konfuzianische Mensch ein Mensch der Zeit und der taoistische ein Mensch des Raumes sei. Die Wirklichkeit ist natürlich keineswegs so schlicht und eindeutig unterteilt, da Himmel und Erde von derselben zirkulären Bewegung des Tao ergriffen werden. Wenn es denn einen Unterschied gibt, muß es sich um eine Frage des Blickwinkels handeln.

Ungeachtet der Gefahr der Wiederholung gilt es hier folgendes noch einmal zu unterstreichen: es ist die Leere, die die Wechselwirkung, oder sogar die gegenseitige Umwandlung, zwischen Himmel und Erde begünstigt und dadurch zugleich diejenige zwischen Raum und Zeit. Wenn die Zeit als Aktualisierung des belebten Raumes wahrgenommen wird, so bringt die Leere, indem sie Diskontinuität in den zeitlichen Ablauf einführt, in gewisser Weise die Qualität des Raumes in die Zeit zurück und gewährleistet so den richtigen Rhythmus des Atems und die ganzheitliche Erscheinung der Wechselbeziehungen. Die qualitative Verwandlung der Zeit in Raum (es handelt sich dabei weder um eine einfache räumliche Darstellung der Zeit noch um ein System der Entsprechungen, mit dessen Hilfe man die eine am anderen messen könnte) ist selbst die Bedingung eines wahren Lebens, das weder eindimensional ist, noch sich in lediglich einer Richtung entwickelt. Dementsprechend sprechen Konfuzius und Laozi in Hinsicht auf die Art und Weise, in der der Mensch die Raum-Zeit leben soll, von *xuxin*, der „Leere des Herzens", die den Menschen selbst in die Lage versetzt, den gesamten Prozeß der qualitativen Verwandlung, von dem wir gerade gesprochen haben, zu verinnerlichen. Die Leere bedeutet demnach Verinnerlichung und Zusammenfassung.

Wir haben gesehen, daß das *Buch der Wandlung* zwei augenscheinlich entgegengesetzten Lehren (der konfuzianischen und der taoistischen) als Grundeinheit dient. Nach traditioneller Auslegung hat der Terminus „Wandlung" in diesem Buch drei Bedeutungen: *buyi*, „unveränderliche Wandlung"; *jianyi*, „einfache Wandlung"; und *bianyi*, „wechselnde Wandlung". Grob gesagt entspricht die „unveränderliche Wandlung" der ursprünglichen Leere, die „einfache Wandlung" der regelmäßigen Bewegung des Kosmos und die „wechselnde Wandlung" der Entwicklung der einzelnen Wesen. Die drei Wandlungen sind nicht voneinander geschieden; sie folgen einander, um den zugleich komplexen und einheitlichen Lauf des Tao nachzubilden. Diese Idee hat in China über mehr als zwei Jahrtausende die Auffassung vom menschlichen Werden und von der Geschichte geprägt. Im Dasein einzelner Wesen folgt die Zeit einer doppelten Bewegung: einer linearen (im Sinne der „wechselnden Wandlung") und einer zirkulären (zur „unveränderlichen Wandlung"), die man wie folgt darstellen kann:

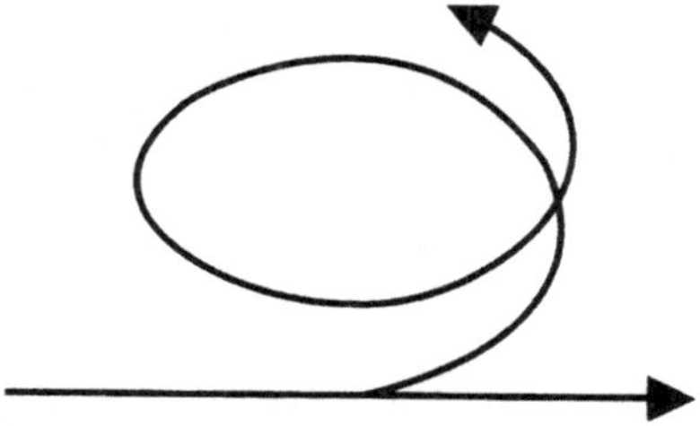

Auf der Ebene der Geschichte beobachten wir ebenfalls eine Zeit, die sich in Zyklen bewegt. Diese Zyklen (die keineswegs als unendliche Wiederholungen zu verstehen sind) sind durch die Leere getrennt, wobei sie einer spiralförmigen Bewegung folgen, weil auch sie von der „unveränderlichen Wandlung“ angezogen werden.

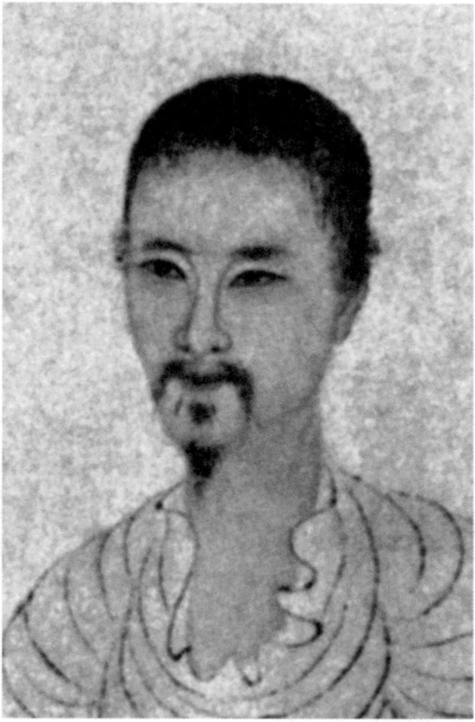

I

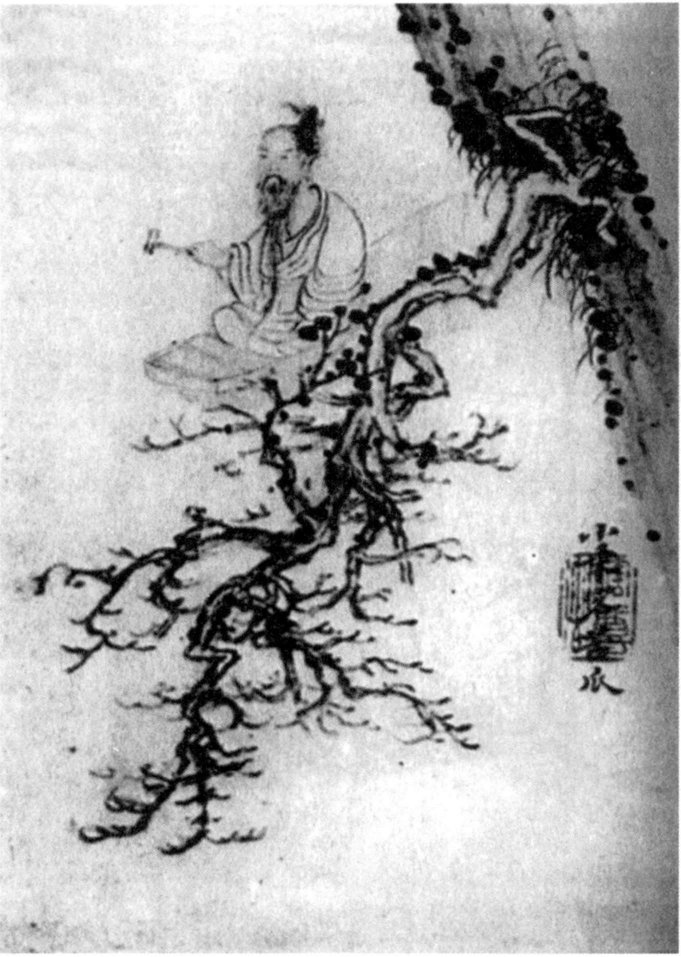

II

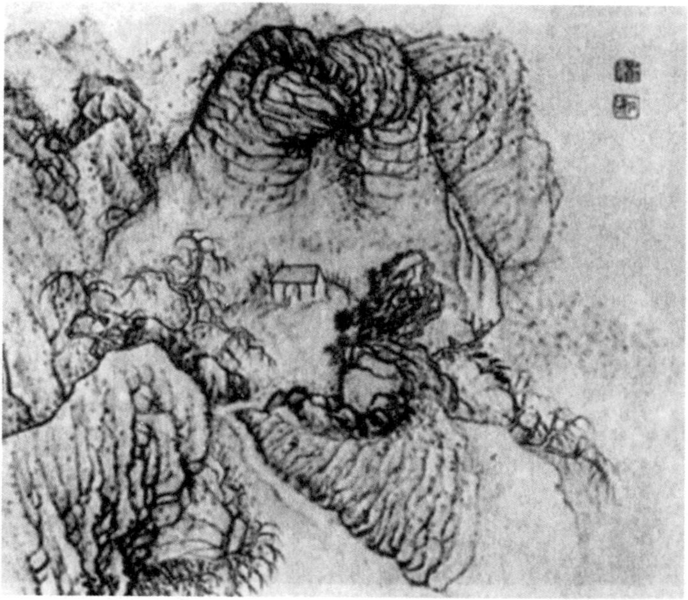

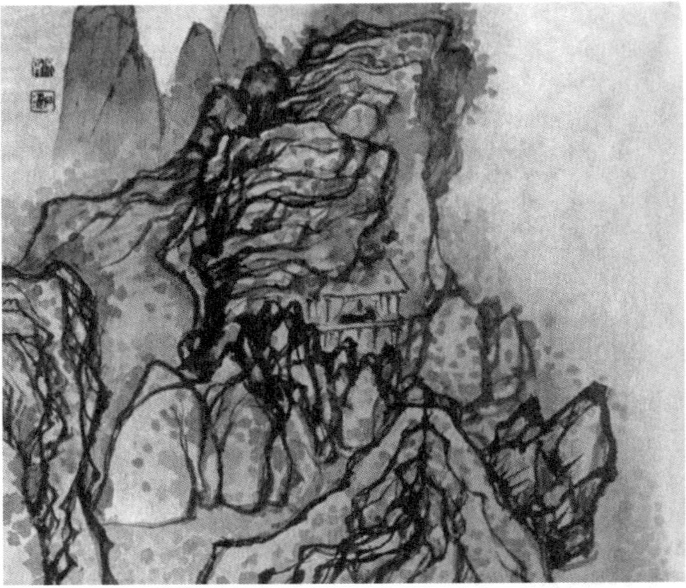

IV

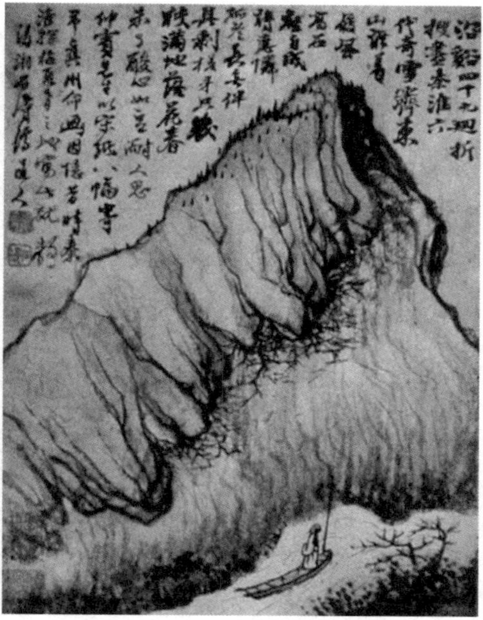

V

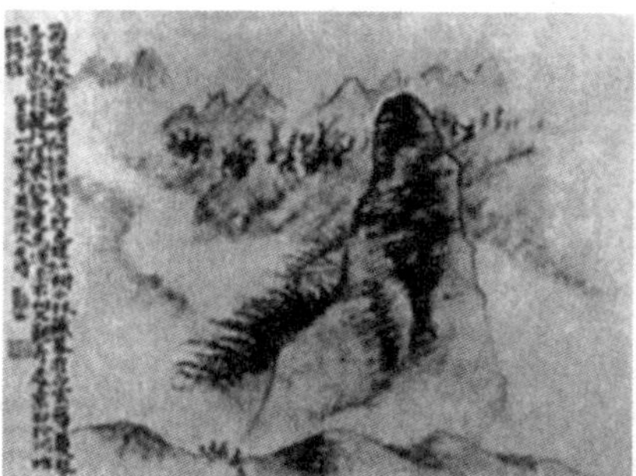

VI

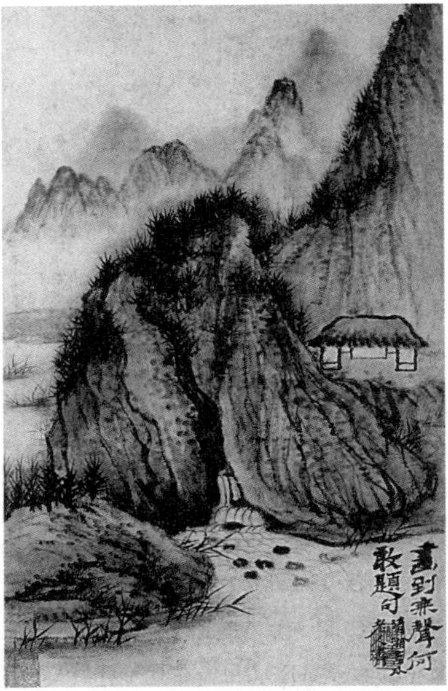

VII

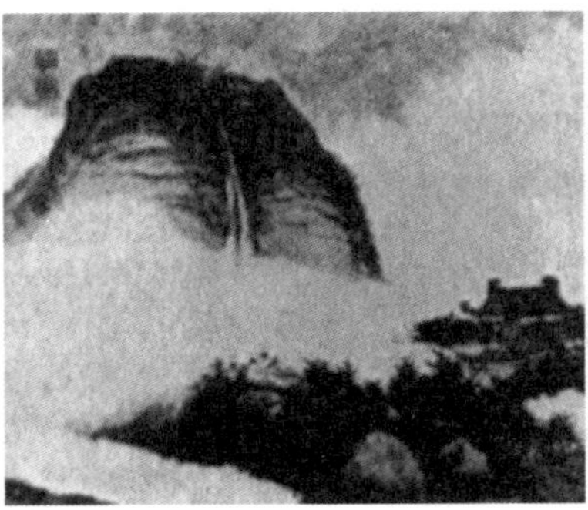

VIII

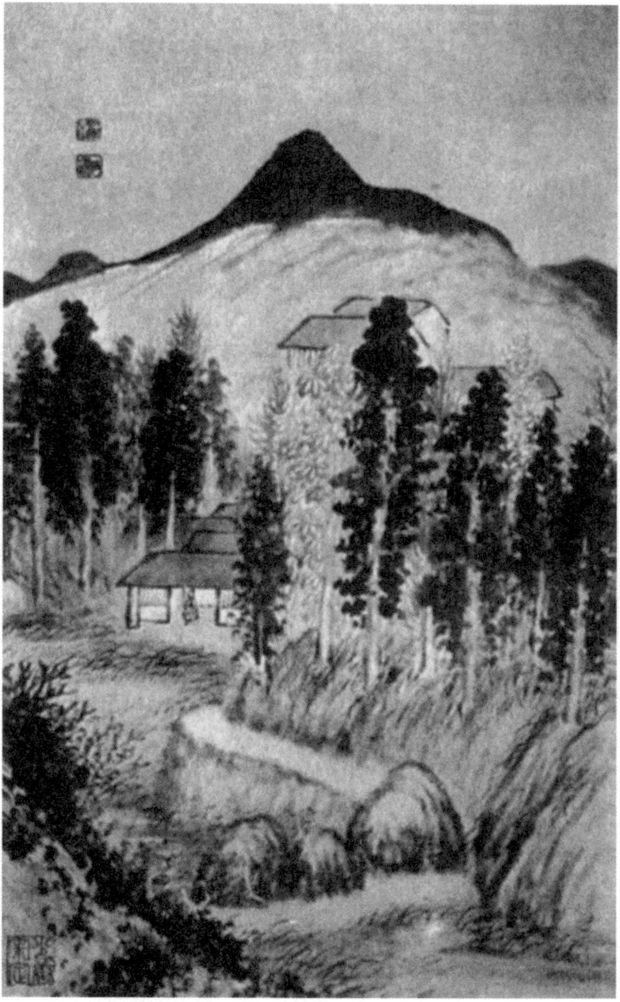

IX

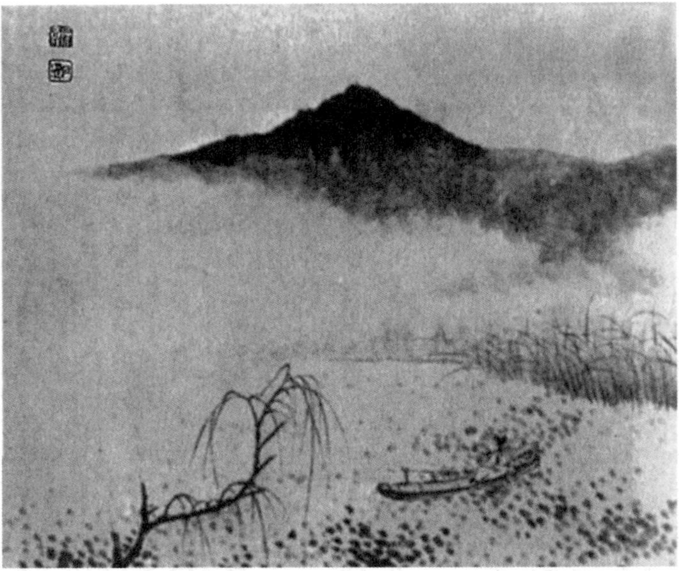

X

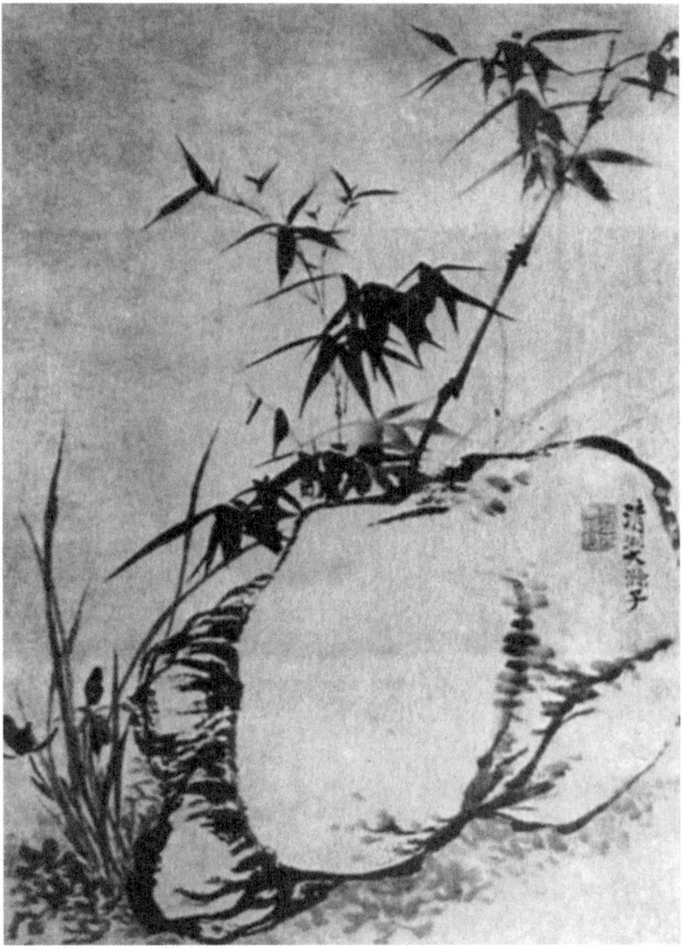

XI

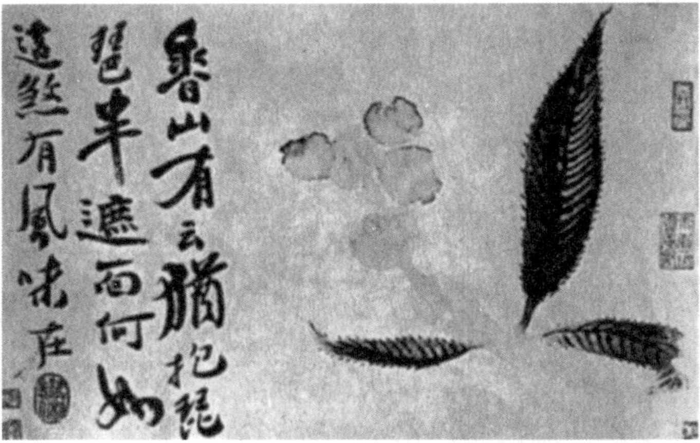

XII

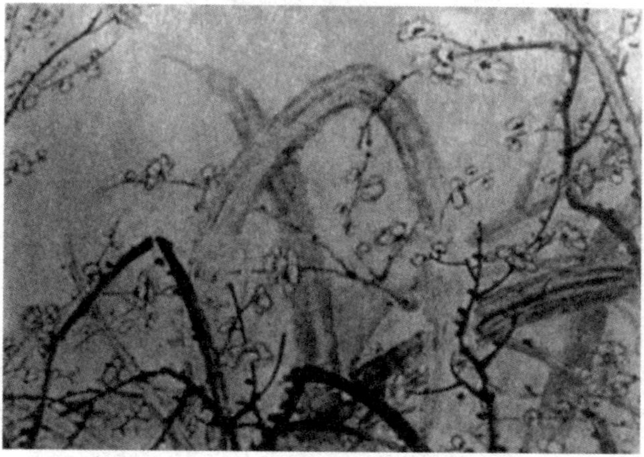

XIII

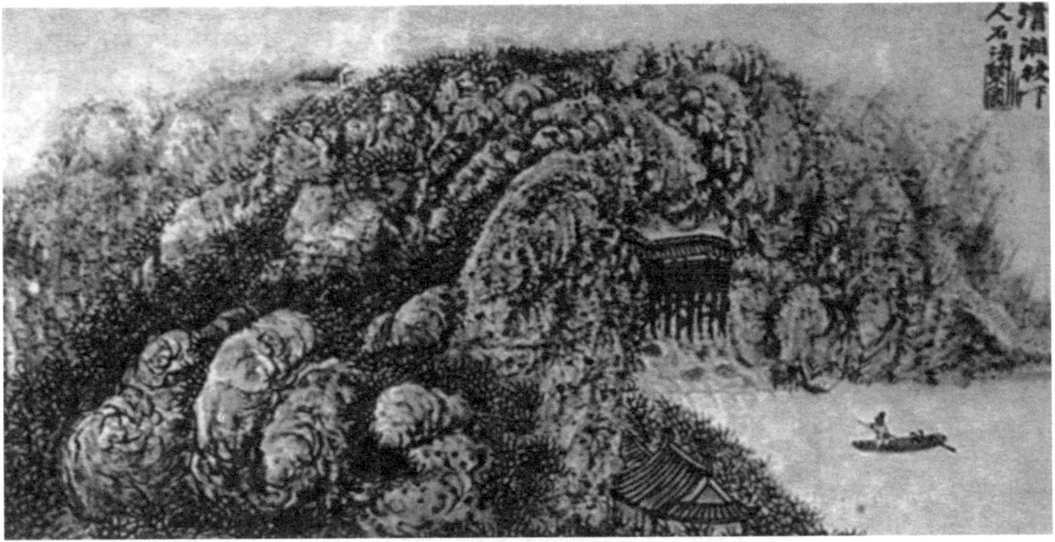

XIV

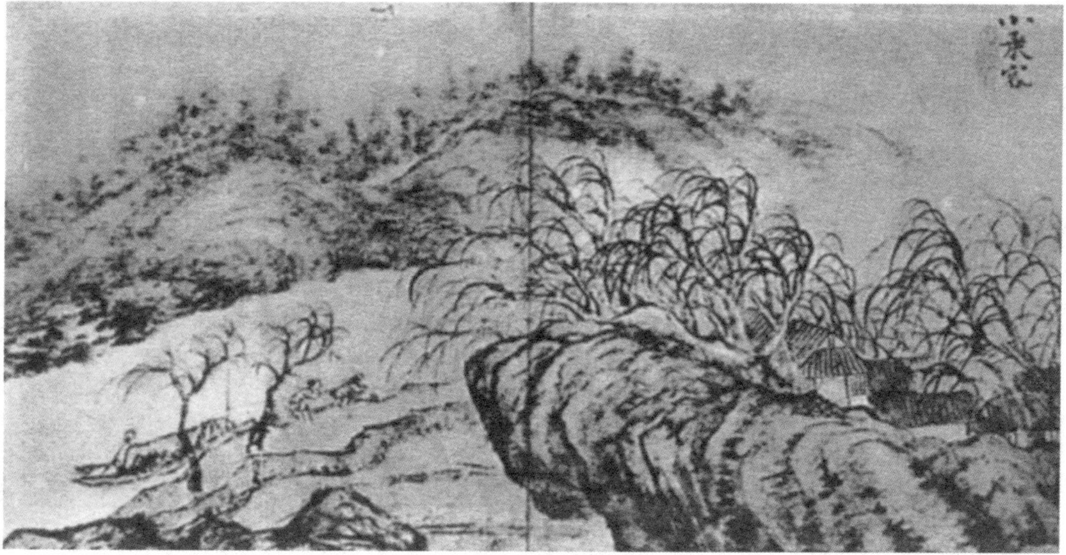

XV

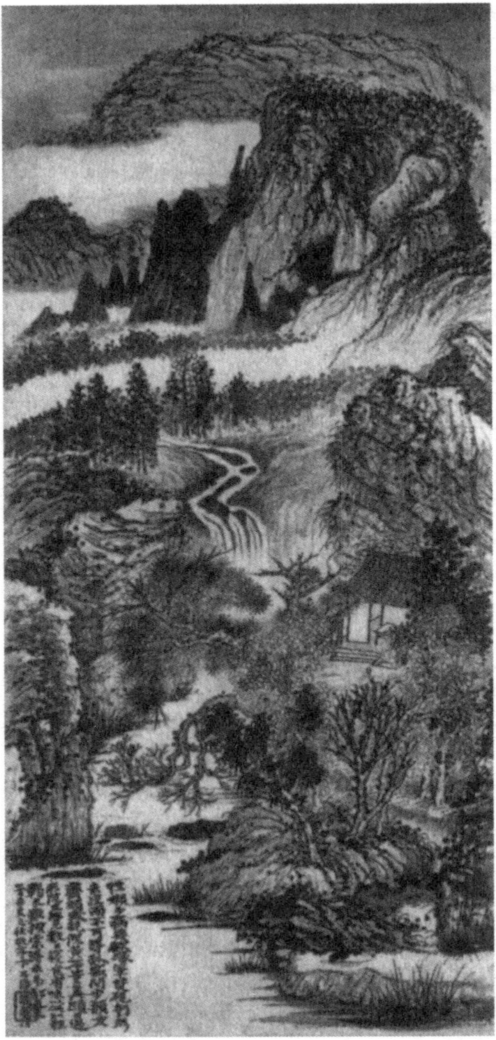

XVI

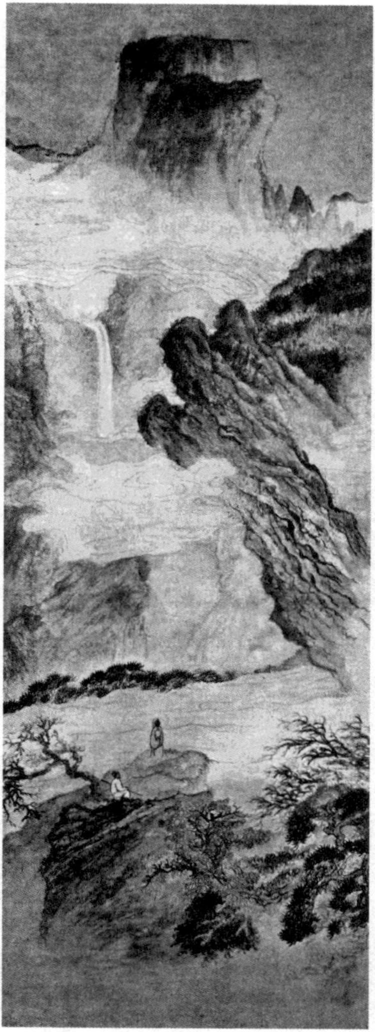

XVII

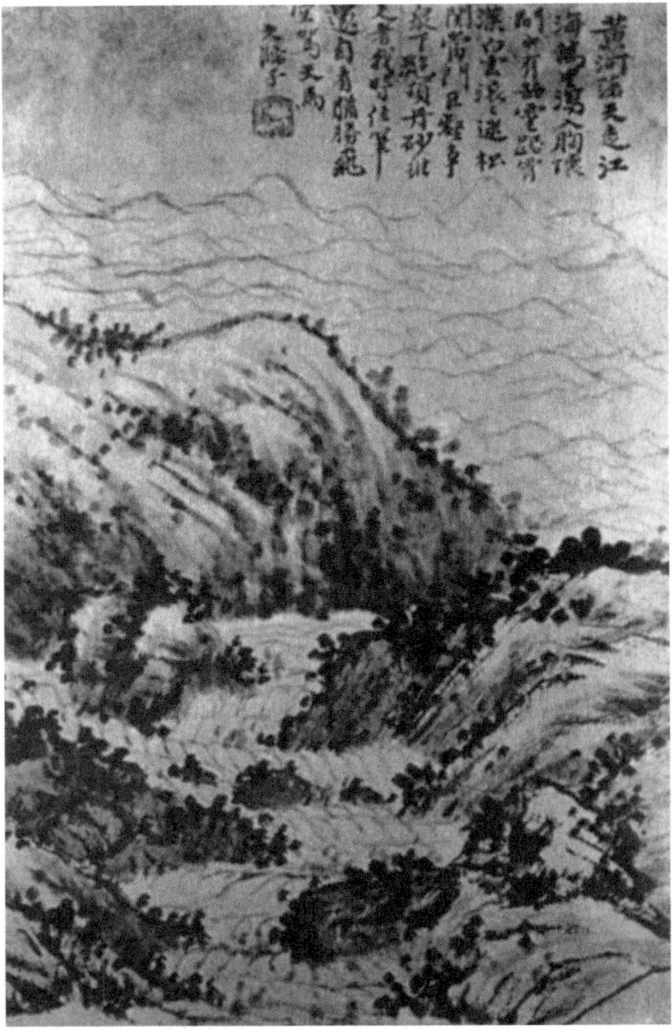

XVIII

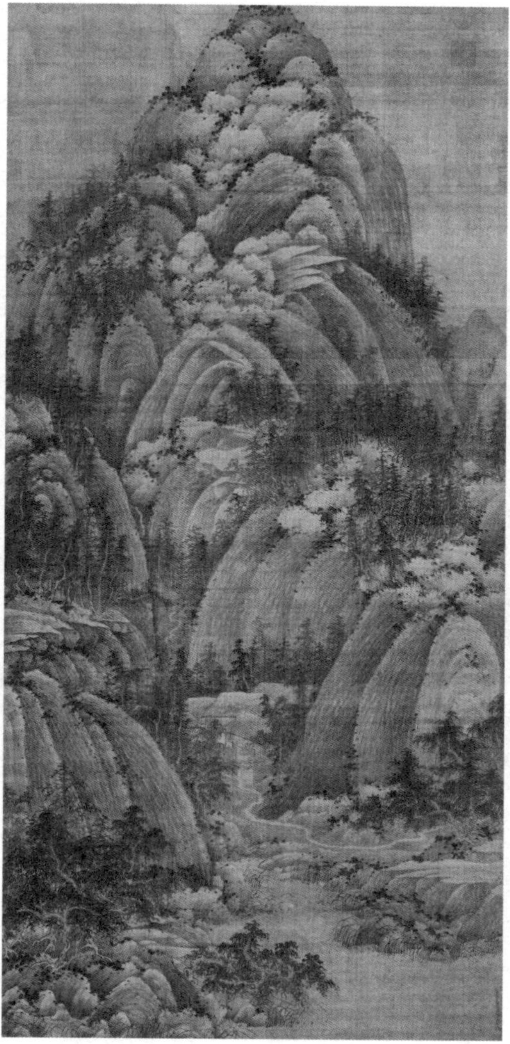

XIX

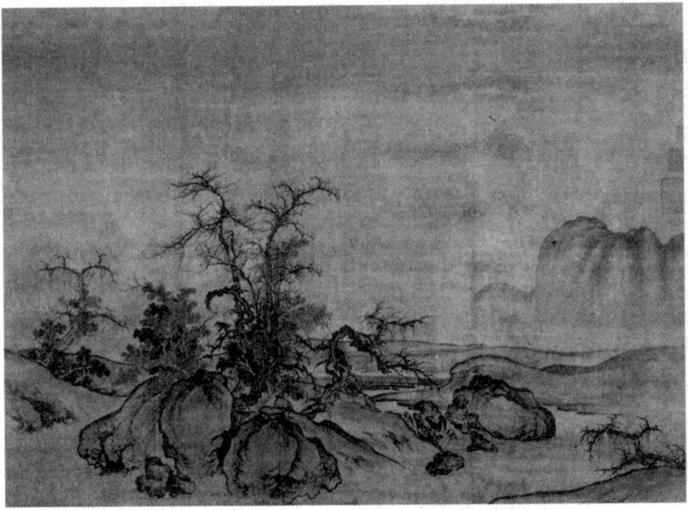

XX

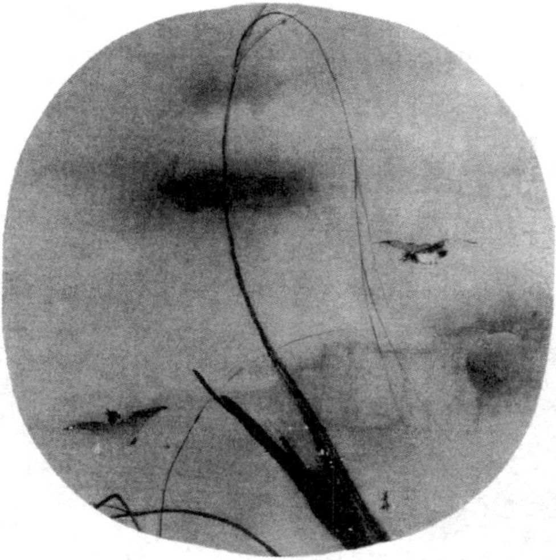

XXI

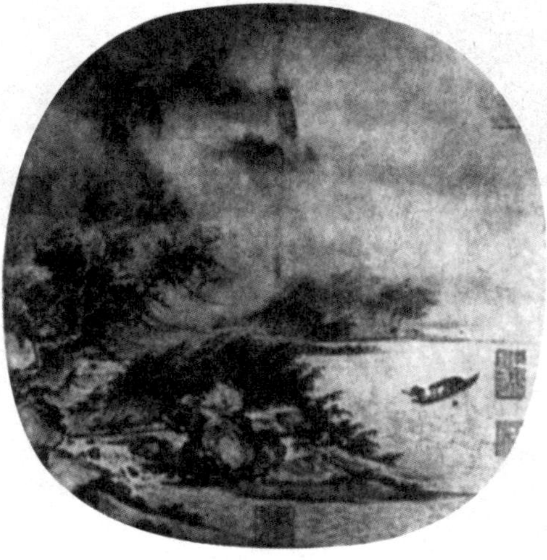

XXII

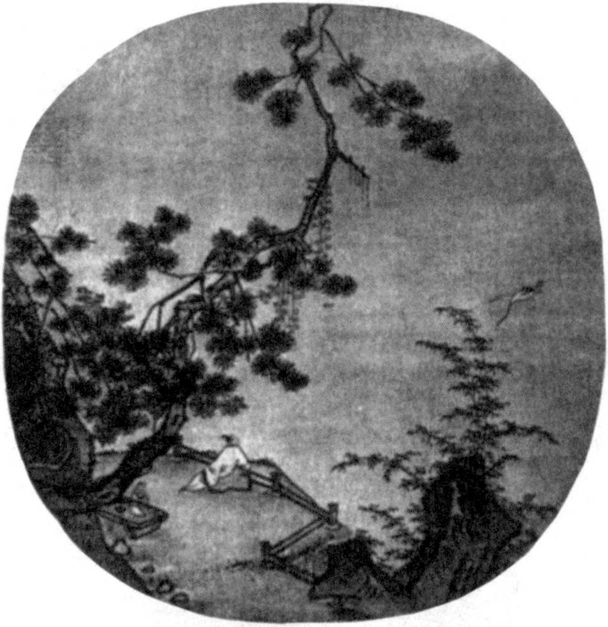

XXIII

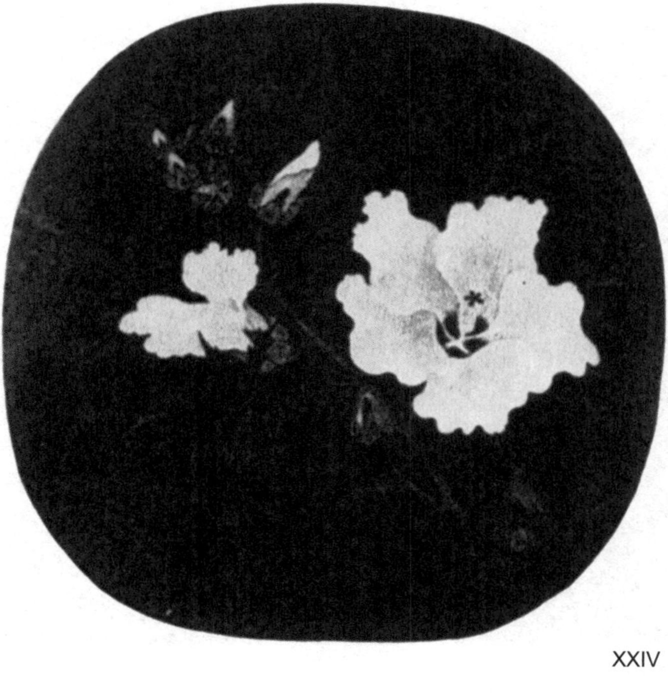

XXIV

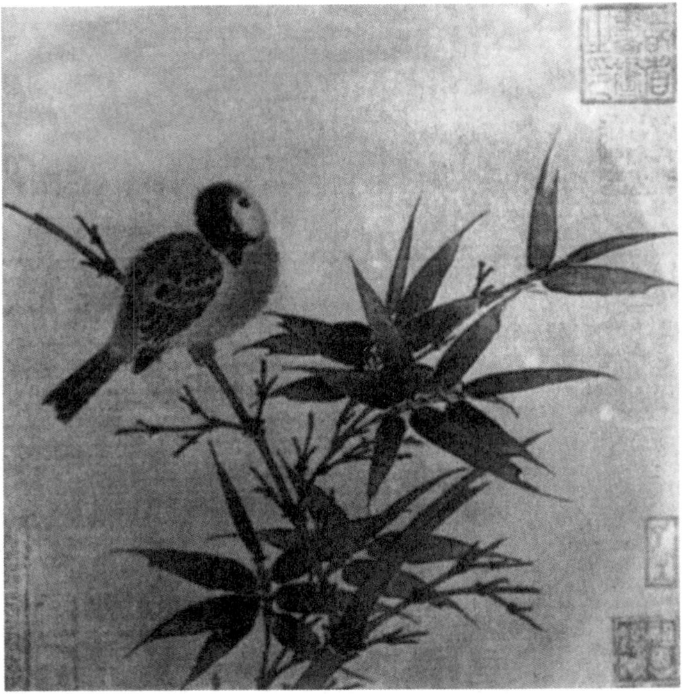

XXV

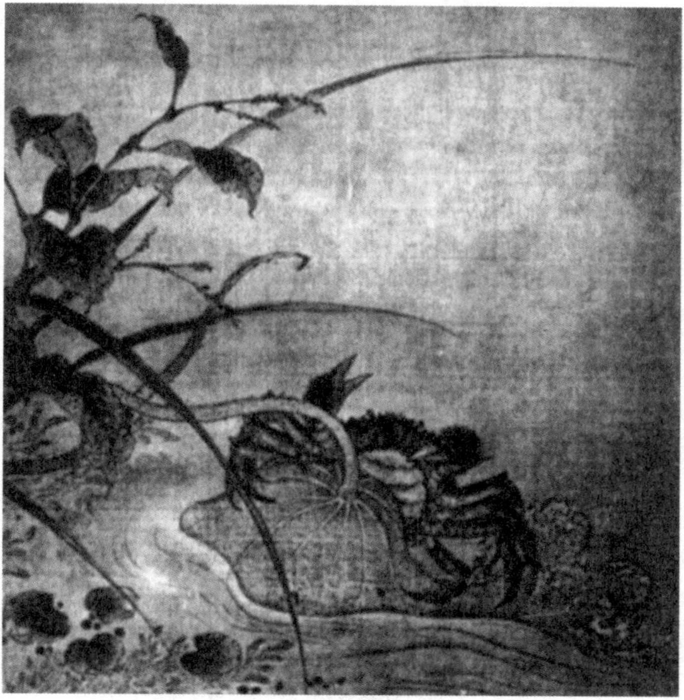

XXVI

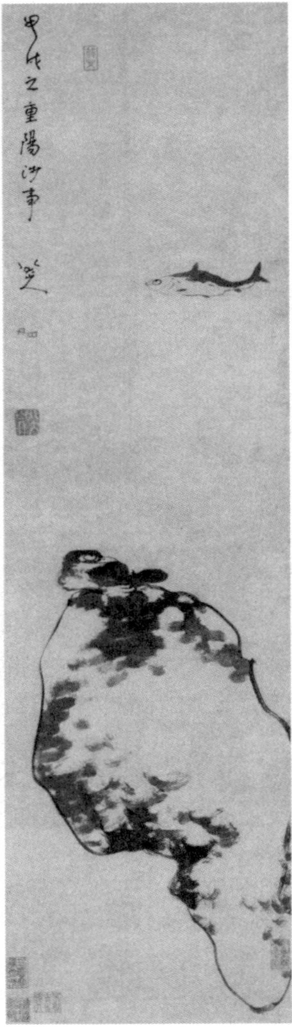

XXVII

2. Die Leere in der chinesischen Malerei

Die antike chinesische Malerei, deren Geschichte uns vor allem seit der Han-Zeit (2. Jh. v. Chr–2. Jh. n. Chr.) bekannt ist, hat eine Entwicklung durchgemacht, die sich von einer vom Realismus geprägten Tradition hin zu einer immer stärker spirituellen Auffassung bewegt hat. Als sprituell verstehen wir dabei nicht die Malerei zu religiösen Themen – die es im Verlauf der Geschichte immer gegeben hat, namentlich in der buddhistischen Tradition –, sondern eine Malerei, die dazu tendierte, selbst spirituell zu werden. Diese Spiritualität wurde vom Taoismus wesentlich beeinflußt und ist in der Folgezeit durch die Philosophie des Chan (Zen) bereichert worden. In diesem Kontext wird unter den Tang (7. Jh.–9. Jh.), dank der Werke eines Wang Wei oder Wu Daozi, eine Malerei geboren, die von der Leere beherrscht wird; ihren Höhepunkt erlebte sie allerdings erst unter den Song und Yuan (10. Jh.–15. Jh.).

Weit vor der Tang-Zeit, seit der Epoche der Sechs Dynastien (4. Jh.–6. Jh.), die den Beginn des kritischen Nachdenkens über die Kunst markiert, wird auf der theoretischen Ebene der Begriff der Leere von Autoren wie Xie He und Zong Bing zu Ehren gebracht. Seitdem ist die Leere das Hauptthema des chinesischen ästhetischen Denkens geblieben. Dieses Denken kann sich auf eine außerordentlich reichhaltige Literatur berufen. Hier ist eine chronologisch geordnete Liste der Autoren und Texte[7], auf die wir uns im Verlauf unserer Studie beziehen werden:

SECHS DYNASTIEN

Zong Bing	*Hua shanshui xu*[8]
Xie He	*Guhua pinlu*

TANG

Wang Wei	*Huaxue mijue und Shanshui fu*[9]
Zhang Yanyuan	*Lidai minghua ji*
Jing Hao	*Pifa ji*[10]

SONG

Guo Xi	*Linchuan gaozhi ji*[11]
Guo Ruoxu	*Tuhua jianwen zhi*
Mi Fu	*Huashi*

7 Die Mehrzahl dieser Texte ist in Sammlungen und Anthologien wie dem *Wangshi shuhua yuan* des Wang Shizhen, dem *Meishu congshu* des Deng Shi, dem *Zhonghua hualun leibian* des Yu Jianhua oder dem *Hualun congkan* des Yu Anlan enthalten. Wir geben hier die Seitenzahlen im *Hualun congkan* (HLCK) an. Für die Texte, die darin nicht aufgenommen sind, siehe Literaturverzeichnis.

8 HLCK, S. 1.

9 HLCK, S. 4–6.

10 HLCK, S. 7–10.

11 HLCK, S. 16–30.

Su Dongpo	*Lun hua*
Han Zhuo	*Shanshuichun quanji*[12]

YUAN

Huang Gongwang	*Xie shanshui jue*[13]

MING

Dong Qichang	*Huazhi und Huayan*[14]
Li Rihua	*Zhulan huaying und Wei shui xuan riji*
Shen Hao	*Huachen*[15]
Mo Shilong	*Huashuo*[16]
Shitao	*Huayulu*[17]

QING

Tang Dai	*Huishi fawei*[18]
Hua Lin	*Nan zong juemi*[19]
Jiang He	*Xue hua zalun*[20]
Zhang Shi	*Huatan*[21]

12 HLCK, S. 33–50.
13 HLCK, S. 55–57.
14 HLCK, S. 76–104.
15 HLCK, S. 134–140.
16 HLCK, S. 65–68.
17 HLCK, S. 146–158.
18 HLCK, S. 235–256.
19 HLCK, S. 495–507.
20 HLCK, S. 316–321.
21 HLCK, S. 424–432.

Shen Zongqian	*Jiezhou xuehua bian*[22]
Bu Yantu	*Huaxue xinfa wenda*[23]
Wang Yu	*Dongzhuang lunhua*[24]
Tang Yifen	*Huachuan xilan*[25]
Fang Xun	*Shanjingju hualun*[26]
Ding Hao	*Xiezhen mijue*
Wang Gai	*Jieziyuan huazhuan*

MODERNE

Huang Binhong	*Huayulu*

Bevor wir eine zeichentheoretische Studie auf der Grundlage dieser Texte vorschlagen,[27] scheint es, auch wenn wir damit die Gefahr der Wiederholung eingehen, notwendig, einige philosophische Grundideen in Erinnerung zu rufen, auf die die chinesische Malerei gegründet ist.

22 HLCK, S. 322–394.
23 HLCK, S. 275–309.
24 HLCK, S. 258–261.
25 HLCK, S. 508–528.
26 HLCK, S. 433–466
27 Im Verlauf unserer Studie werden wir den Schwerpunkt auf die Landschaftsmalerei legen, weil die Theoretiker ihre Gedanken zur Ästhetik vor allem in Bezug auf diese Form der Malerei ausgearbeitet haben. Es sei jedoch angemerkt, daß die chinesische Malerei sich mit ausgesprochen diversen Themen beschäftigt. Die Tradition unterscheidet vier Kategorien: Landschaften (inklusive menschlicher Behausungen), Personen, Pflanzen und Blumen (zu denen mitunter auch Vögel und Insekten gezählt werden) und schließlich Tiere. Jeder dieser Kategorien sind zahlreiche technische Abhandlungen gewidmet worden.

Erinnern wir zunächst an die Bedeutung der Kosmologie, insofern als die Malerei mehr sein will als ein einfaches Objekt der Ästhetik; sie tendiert dazu, zu einem nachempfindenden Mikrokosmos zu werden, der, nach dem Vorbild des Makrokosmos, einen offenen Raum schafft, in dem wahres Leben möglich ist. (Wang Wei: „Mit Hilfe eines kleinen Pinsels die unermeßliche Figur der Leere erschaffen.“ Zong Bing: „Ist der spirituelle Kontakt einmal hergestellt, werden die wesentlichen Formen wirklich; gleichzeitig wird auch der Geist des Universums erfaßt. Ist die Malerei dann nicht ebenso wahr wie die Natur selbst?“) Daher der Vorrang, der den Begriffen des Hauchs und des Lebensatems zuerkannt wird. Wenn das Universum aus dem uranfänglichen Hauch hervorgeht und nur dank des Lebensatems reift, dann muß derselbe Atem auch die Malerei beseelen. Ein Mangel an Atem ist das deutlichste Anzeichen für mittelmäßige Malerei. Dem Begriff des Atems entspricht der von Yin und Yang, welche die dynamischen Gesetze verkörpern, die alle Dinge regeln. In der Malerei wird aus Yin und Yang einerseits die Idee der Polarität geboren (Himmel-Erde, Berg-Wasser, fern-nah, usw.), andererseits die des *li*, der „inneren Gesetze oder inneren Linien der Dinge“. Durch diese Ideen verwandelt, gibt die Malerei sich nicht mehr damit zufrieden, den äußeren Anschein der Dinge wiederzugeben; vielmehr strebt sie danach, die inneren Linien der Dinge zu erfassen und die verborgenen Beziehungen festzuhalten, die sie miteinander unterhalten. (Zong Bing: „Zudem hat der Geist keine eigene Form; er nimmt erst durch die Dinge Gestalt an. Es geht daher darum, die inneren Linien der Dinge mit Hilfe der von Dunkelheit und Licht belebten Pinselstriche zu verfolgen. Sind die Dinge auf diese Weise angemessen begriffen worden, werden sie zu Darstellungen der Wahrheit selbst.“)

In diesem ebenso philosophischen wie ästhetischen Zusammenhang kommt ein zentrales Element der chinesischen Malerei ins Spiel: der Pinselstrich. Weiter unten werden wir den besonderen malerischen Inhalt des Strichs betrachten. Aus philosophischer Sicht können wir uns hier damit begnügen zu unterstreichen, daß der gezogene Strich in den Augen chinesischer Maler das tatsächliche Bindeglied zwischen dem Menschen und dem Übernatürlichen bildet. Denn durch seine innere Einheit und seine Fähigkeit zur Variation ist der Strich zugleich Einheit und Vielheit. Er verkörpert den Prozeß, durch den der zeichnende Mensch die Gesten der Schöpfung nachempfindet. (Der Akt der Strichführung entspricht dem Akt, der die Einheit aus dem Chaos zieht und den Himmel von der Erde trennt.) Indem er den Rhythmus und die verborgenen Triebe des Menschen aufnimmt, ist der Strich gleichzeitig der Hauch, Yin-Yang, Himmel-und-Erde und die zehntausend Dinge.

Zusammengenommen bilden die Grundgedanken, die wir rekapituliert haben, ein stimmiges Netzwerk. Funktionieren kann dieses Netzwerk nur dank eines stets impliziten Faktors: der Leere. In der Malerei wie im Universum könnte ohne die Leere weder der Atem zirkulieren, noch könnten Yin und Yang wirksam werden. Ohne die Leere könnte der Strich, der Ausdehnung und Licht, Rhythmus und Farbe andeutet, nicht sein ganzes Wirkungsvermögen entfalten. Darüber hinaus greift die Leere auf allen Ebenen in die Herstellung von Gemälden ein, von den Grundstrichen bis zum Aufbau des Ganzen. Sie ist das erste unter den Zeichen und verleiht dem System der Malerei seine Wirksamkeit und Einheit.

Fünf Ebenen lassen sich unterscheiden, die wir nacheinander untersuchen werden: Abgesehen von der letzten ist jede

Ebene von einem Binom gekennzeichnet, das zur Theorie der Malerei gehört. Der Reihe nach handelt es sich um: 1. Pinsel-Tusche; 2. Yin-Yang; 3. Berg-Wasser; 4. Mensch-Himmel; 5. die Fünfte Dimension. Die Ebenen sind nicht getrennt; sie bilden ein organisches Ganzes. In dieser Ganzheit folgt die Leere, die von einem Zentrum ausgeht und von Ebene zu Ebene kreist, einer Spiralbewegung, gerade so als löste sie einen Knoten. Diese organische Anschauung des Gemäldes läßt und einmal mehr an den menschlichen Körper (siehe Kapitel 1 und 2) denken, in dem das Herz, das von der vermittelnden Leere belebt ist, den Atem versammelt, um ihn durch Organe und Eingeweide wieder zu verteilen. Der Vergleich mit dem menschlichen Leib erinnert weiterhin daran, daß die Malerei keine rein ästhetische Übung ist, sondern eine Praxis, die den ganzen Menschen fordert, sein physisches ebenso wie sein spirituelles Wesen, seine bewußte Seite genauso wie seine unbewußte.

Die Dichotomie leer-voll ist gewiß kein chinesischer Alleinbesitz. Sie ist, in mehr oder weniger starker , überall dort geläufig, wo über bildende Kunst nachgedacht wird. Im Verlauf dieser Studie werden wir auf jeder Etappe ihre besondere Bedeutung für die chinesische Kunst aufzeigen. Doch sei es uns gestattet, bereits hier die Natur dieser Besonderheit zu charakterisieren. Leer-voll ist in der chinesischen Kunst weder bloß ein Gegensatz der Form noch ein Verfahren, um räumliche Tiefe zu erzeugen. Als Widerpart des Vollen ist das Leere eine lebendige Wesenheit. Als Ausgangspunkt aller Dinge greift es ins Innere der Fülle ein, indem es ihr den belebenden Atem einhaucht. Infolge seines Wirkens wird die eindimensionale Entwicklung unterbrochen, die innere Verwandlung hervorgerufen und eine zirkuläre Bewegung angeregt. Die Wirklichkeit der Leere läßt sich daher durchaus aus einer ursprünglichen Auffassung des Universums verstehen, die man als „organizistisch" bezeichnen könnte.[28]

1. PINSEL-TUSCHE

Am Anfang aller Theorien der chinesischen Malerei steht das Begriffspaar Pinsel-Tusche. Es ist am engsten mit der Tuschmalerei (*shuimohua*) verbunden. Mit ihren unendlichen Nuancen erscheint die schwarze Tusche in den Augen des Malers als gehaltvoll genug, um alle farblichen Variationen zu verkörpern, die die Natur darbietet. Die Tusche gehört mit dem Pinsel zusammen, weil sie in der Isolation ein virtueller Stoff bleibt, den allein der Pinsel zum Leben erwecken kann. Die intime Einheit von Pinsel und Tusche wird dementsprechend oft durch die sexuelle Vereinigung versinnbildlicht. Dennoch besteht zwischen beiden eine Arbeitsteilung. Han Zhuo, aus der Song-Zeit, hat es in der Nachfolge vieler anderer so formuliert: „Den Pinsel, um Substanz und Form hervorzubringen, die Tusche, um Farbe und Licht festzuhalten." Angesichts der vielfältigen Inhalte, mit denen beide aufgeladen sind, werden wir Pinsel und Tusche einzeln untersuchen. Zuerst zum Pinsel.

Der Pinsel bezeichnet gleichzeitig das Instrument und den Strich, den es zieht. Auf die philosophische Bedeutung des Einen Pinselstrichs haben wir bereits hingewiesen; hier wollen wir ihn aus der eigentlichen malerischen Perspektive betrachten. Der Strich ist weder eine flache Linie noch die ein-

28 Wir entnehmen dieses Eigenschaftswort, das aus dem Englischen stammt, dem Werk Joseph Needhams. Siehe *Science and Civilisation in China*, Bd. 1.

fache Kontur der Formen; wie angedeutet, strebt er danach, das *li*, die „innere Linie“, der Dinge sowie den Atem, von dem sie beseelt sind, zu erfassen. (Su Dongpo: „Berge, Felsen, Bambus, Baum, Kräuselungen auf dem Wasser, Nebelfetzen und Wolken, alle diese natürlichen Dinge haben keine feste Form. Jedes einzelne hat jedoch eine beständige innere Linie. Sie ist es, von dem sich der Geist des Malers führen lassen muß.“) Durch seine Fülle und Feinheit, seine Konzentration und Verdünnung, seinen Antrieb und sein Innehalten, ist der Strich zugleich Form und Färbung, Volumen und Rhythmus, deutet er eine Dichte an, die auf die Sparsamkeit der Mittel gegründet ist, und eine Ganzheit, die selbst die Triebe der Menschen umfaßt. Durch seine Einheit löst er die jeden Maler umtreibenden Konflikte zwischen Entwurf und Farbgebung sowie der Darstellung von Volumen und Bewegung.[29]

Günstig ausgewirkt auf die Kunst des Strichs in China haben sich die Existenz der Kalligraphie und die Tatsache, daß Gemälde in der Malerei in einem Zug und rhythmisch ausgeführt werden.

Was die Kalligraphie angeht, sollten wir zunächst bemerken, daß schon die Gestalt der Ideogramme Chinesen daran gewöhnt hat, konkrete Dinge über die Striche wahrzu-

29 Matisse spricht in seinen *Écrits et propos sur l'art* (Schriften und Bemerkungen zur Kunst), S. 182, vom Konflikt zwischen Entwurf und Farbgebung. Unter anderem schreibt er: “Im Entwurf, selbst wenn er aus einem einzigen Strich besteht, kann man jeder eingeschlossenen Partie eine unendliche Anzahl von Nuancen geben. ... Entwurf und Farbgebung sind unmöglich zu trennen. ... Der Entwurf ist Malerei mit reduzierten Mitteln. Auf einer weißen Oberfläche kann man mit Feder oder Tusche Volumen erschaffen, indem man gewisse Kontraste erzeugt; indem man die Qualität des Papiers verändert, kann man glatte, glänzende oder rauhe Oberflächen hervorbringen, ohne Schatten oder Licht aufzutragen.

nehmen, durch die sie beschrieben werden. Dazugekommen ist dann die Kalligraphie, die ihre plastische Schönheit ausgebeutet hat. Diese Kunst ist zum einen auf die harmonische oder kontrastive Struktur der Striche gegründet, zum anderen auf die greifbare und vielfältige Erscheinung von dicken und feinen Strichen. Endend in einem kursiven und geschwinden Stil, hat die Kalligraphie schließlich die Begriffe von Rhythmus und Atem eingeführt. So ist sie zu einer vollständigen Kunstform geworden. Indem er sie praktiziert, gewinnt der Künstler den Eindruck, sich zur Gänze einzubringen; sie ist ein Engagement von Körper, Geist und Sinnlichkeit zugleich.

Die Kalligraphie hat einen tiefgreifenden Einfluß auf die Praxis der Malerei ausgeübt. Seit der Tang-Zeit, und besonders in der Folge von Wu Daozi, werden Gemälde spontan und ohne Retuschen ausgeführt; der Künstler hält in seinen Pinselzügen einen Rhythmus der Gesten aufrecht, um auf keinen Fall den „Rhythmus zu durchbrechen". Eine solche Konzeption der malerischen Ausführung setzt selbstverständlich voraus, daß der Maler schon im Vorhinein eine Vision des Ensembles und der konkreten Einzelheiten dessen besitzt, was er malen wird. Bevor er ein Gemälde ausführt, muß der Maler eine langwierige Ausbildung durchlaufen, während der er sich eine Meisterschaft in den verschiedenen Sorten von Strichen erwirbt, die die vielfältigen Arten von Wesen und Dingen repräsentieren; Striche, die das Ergebnis einer minutiösen Beobachtung der Natur sind. Erst wenn er eine Sicht der Außenwelt und ihrer Einzelheiten besitzt, beginnt der Künstler zu malen. Die Ausführung, rhythmisch und in einem Zug, wird so gleichermaßen zu einer Projektion der Gestalten des Realen wie der Innenwelt des Künstlers. In eben diesem Sinne bemerkt Shitao, wenn er den Einen Strich bespricht, daß dieser das Kennzeichen der Einheit zwischen dem menschlichen Geist und dem Geist des Universums sei; indem er die unwiderstehlichen Triebe des Menschen offenbart, bleibt er der Wirklichkeit treu. Im gleichen Zusammenhang ist auch der berühmte Ausspruch des Zhang Zao aus der Tang-Zeit zu verstehen: „Im Äußeren nehme ich mir die Schöpfung zum Vorbild; im Inneren erfasse ich die Quelle meiner Seele."

Alle bedeutenden Maler haben darauf bestanden, daß man, bevor man zu malen beginnt, die Natur „mit dem Herzen" erfaßt haben muß.[30] Hier sind die berühmtesten Anmerkungen zu diesem Thema:

> *Su Dongpo*: Bevor Ihr einen Bambus malt, muß er erst in Eurem Innersten sprießen. Erst dann, mit dem Pinsel in der Hand und mit konzentriertem Blick, entsteht vor Euren Augen die Vision. Diese Vision müßt Ihr mit dem Pinsel erfassen, denn sie kann ebenso plötzlich verschwinden wie der Hase beim Anmarsch des Jägers.
>
> *Wang Yu*: Die Seele des Künstlers ist es, die Gebirge und Grotten hervorbringt.
>
> *Shen Zongqian*: Das Universum besteht aus belebtem Atem, und die Malerei entfaltet sich mit den Mitteln von Pinsel und Tusche. Die Malerei erreicht Vortrefflichkeit nur dann, wenn der Atem, der von Pinsel und Tusche ausgeht, sich so vollständig auf den Atem des Universums einstimmt, daß beide wie eins sind. Auf diese Weise wird in der scheinbaren Unordnung der Phänomene eine durchgängige Spur freigelegt. Es ist daher entscheidend, daß die Idee aller Dinge im Herzen des Künstlers bereits vollendet ist, damit

30 Das schließt keineswegs aus, daß der Maler im Prozeß der Ausführung nach der Natur malt, insbesondere, wenn es darum geht, die vielschichtigen Nuancen der Atmosphäre festzuhalten. Das gleiche gilt entsprechend für die Malerei von Personen und Tieren.

die Ausführung des Gemäldes, die spontan das Feine und Dichte, das Helle und Dunkle, das Schwache und Starke sowie das Virtuelle und Offenkundige verwirklicht, von dem lebendigen Strom beseelt ist, der das Universum durchzieht. Nur um diesen Preis erreichen Gemälde überragende Qualität.

Der Strich, dessen Wirklichkeit wir eingekreist haben, kann seine volle Wirkung nur dank der Leere entfalten. Wenn er von Atem und Rhythmus beseelt sein soll, dann muß die Leere ihm vorausgehen, ihn verlängern und ihn sogar durchdringen; und wenn es ihm möglich ist, zur gleichen Zeit Linie und Volumen zu verkörpern, dann nur, weil beide, genauso wie die Leere, die er einschließt oder hervorhebt, durch seine Fülle und Feinheit angezeigt und häufiger noch suggeriert werden. Im folgenden wollen wir die zahlreichen Anmerkungen, die sich auf die zweifache Wirkung des Strichs beziehen, im Einzelnen vorstellen.

a) *Atem, Rhythmus*

Die Begriffe Atem und Rhythmus gehören zusammen. Verbunden werden sie im ersten der Sechs Prinzipien der Malerei, die Xie He im fünften Jahrhundert festgelegt hat: „Den rhythmischen Atem erzeugen und beseelen".[31] In einem

31 *Qiyun shengdong*. Wir sind uns der vielfältigen Interpretationen bewußt, zu denen dieses Prinzip Anlaß gegeben hat. Es sei daran erinnert, daß es syntaktisch aus zwei Wortgruppen zusammengesetzt ist: einer nominalen und einer verbalen. Die verbale Gruppe *shengdong* kann schlicht mit „beleben und beseelen" übersetzt werden. Die nominale Gruppe *qiyun* könnte man statt des Ausdrucks „rhythmischer Atem" durch das nebengeordnete Kompositum „Atem-Harmonie" wiedergeben. In dieser Auslegung würde sich die Idee des Atems vor allem auf die Arbeit des Pinsels beziehen, während die Harmonie die Wirkung der Tusche bedeutet.

Strich kann der rhythmische Atem nur durch die Qualität der Leere, die der Strich enthält oder andeutet, entstehen.

Wang Wei: Wenn man eine Landschaft malt, darf der Pinsel nur vom Begriff (des rhythmischen Atems) geführt werden.

Jing Hao: Vier Dinge sind dem Pinsel eigen: Muskeln, Fleisch, Knochen und Atem.

Zhang Yanyuan: Durch die Übersetzung des Pinsels arbeiten wir mit am Werk der Schöpfung. Es heißt: Die Idee (der Leere) muß dem Pinsel vorausgehen; in der gleichen Weise muß sie ihn verlängern, wenn der Strich beendet ist. Ein regelgerecht gezogener Strich ist ein toter Strich. Wahr ist nur die Malerei, in der der Pinsel vom Geist geführt wird und sich auf das Eine konzentriert.

Shen Zongqian: Das Spiel des Pinsels muß vom Atem beherrscht werden. Wo Atem ist, ist Lebensenergie; so erzeugt der Pinsel wahrhaftig das Göttliche.

Bu Yantu: Vor Himmel und Erde war die Idee. Als Angelpunkt der Veränderungen bringt sie zehntausend Verwandlungen hervor; als Seele der Malerei erzeugt sie zehntausend Bilder. Bei einem hervorragenden Maler geht die Idee dem Pinsel voraus (und über ihn hinaus). Tatsächlich sollte die Idee den Pinsel eher verlängern als umkehren. ... Nur wo göttliche Magie wirkt, erreichen Pinsel und Tusche die Leerheit. Es gibt dann gleichsam Pinsel jenseits des Pinsels und Tusche jenseits der Tusche. Man braucht lediglich seinem Verlangen zu folgen, und doch wird alles wunderbar, weil es sich um das Werk des Himmels handelt.

Huang Binhong: Im gezogenen Strich muß sich der Rhythmus von „einer Welle und drei Furchen“ finden. ... In der Malerei eine Linie mit der anderen zu verbinden, ist nicht dasselbe wie einen Zweig einem anderen aufzupropfen. Während man beim Aufpropfen nach Festigkeit strebt, geht

> es beim Ziehen der Striche darum, den Atem nicht zu ersticken. ... Eine Linie besteht aus Punkten. Jeder dieser Punkte hat seine eigene Existenz; er verspricht vielfache Verwandlungen. Einen Punkt zu setzen, heißt, einen Samen auszusäen; letzterer muß austreiben und wachsen. ... Auch um einen Punkt zu machen, bedarf es der Leere inmitten des Vollen. Nur dann kann der Punkt so lebendig werden, als sei er vom Geist beseelt. Ein Gemälde beginnt mit dem Zug von Pinsel und Tusche, um beim Nicht-Zug von Pinsel und Tusche zu enden. Vom Verschiedenen und Greifbaren auszugehen, um die „zersprungene Leere" zu erreichen – das ist etwas, was außerhalb der Reichweite des Anfängers liegt.

Damit der Strich vom Atem beseelt ist, reicht es nicht aus, daß die Leere nur den Strich belebt, vielmehr muß sie auch die Hand des Malers führen. Der Maler Shitao hat die Bedeutung des *xuwan*, des „leeren Handgelenks", in seinen *Bemerkungen zur Malerei* bestätigt. (Das „leere Handgelenk" ist keineswegs gleichbedeutend mit einer kraftlosen Hand, wenn der Maler der Pinsel hält. Im Gegenteil: er ist das Ergebnis großer Konzentration, einer auf die Spitze getriebenen Fülle. Der Maler darf nicht eher zu malen beginnen, als in dem Moment, wo die Fülle seiner Hand ihren Höhepunkt erreicht und schlagartig der Leere nachgibt.) Zitieren wir hier die sehr technischen Anmerkungen des Cheng Yaotian:[32] „Die Leere ist auf allen Ebenen des Körpers spürbar, wenn wir kalligraphieren (oder malen). Auf jeder Ebene gibt die Fülle, sobald sie reif ist, der Leere nach, und zwar in dieser Reihenfolge: untere Gliedmaßen —> obere Gliedmaßen —> linke Körperhälfte —> rechte

32 Siehe *Meishu congshu*.

Köperhälfte —> rechte Schulter —> rechter Arm —> Handgelenk —> Finger —> Pinsel. ... Die Leere hat einen zweifachen Effekt: dank der Leere durchdringt die Kraft des Strichs das Papier soweit, daß sie darüber hinausgeht; gleichzeitig wird auf der Oberfläche des Papiers alles lebendig, weil es vom Atem durchzogen ist."

Insbesondere zwei Arten von Strichen deuten die innere Leere an:

1. *Ganbi*, der „trockene Pinsel": Der Pinsel wird mit wenig Tusche benetzt. Der Strich, den er im Gleichgewicht zwischen Anwesenheit und Abwesenheit, zwischen Substanz und Geist zieht, erzeugt einen Eindruck diskreter Harmonie, so als sei er mit Leere gesättigt. Der bedeutendste Meister des *ganbi* ist Ni Zan aus der Yuan-Zeit, der für seinen „unfaßlichen Geschmack" gerühmt wird.

2. *Feibai*, das „fliegende Weiß": Anstatt sie konzentrisch zu führen, werden die Borsten des Pinsels derart auseinandergedrückt, daß der rasch gezogene Strich in seiner Mitte weiß enthält. Der daraus resultierende Effekt ist eine Einheit von Kraft und Leichtigkeit, so als sei der Strich von Atem „durchlöchert".

Eine dritte Art des Strichs, auf die wir ebenfalls aufmerksam machen sollten, ist der *cun*, „der Textur- oder gestaltete Strich". Da er in erster Linie mit dem Problem der Form verbunden ist, behandeln wir ihn im folgenden Abschnitt.

b) *Form, Volumen*

Der *cun* (siehe die Abbildungen auf den folgenden Seiten) ist ein Texturstrich, der dazu verwendet wird, die Formen der Gegenstände zu gestalten oder ihr Volumen anzudeuten. Es gibt eine große Anzahl von derartigen Strichen, die die vielfältigen Arten von Formen darstellen, die man in der Natur beobachtet (Bäume, Felsen, Berge, Wolken, Behausungen und menschliche Figuren). Oft tragen sie pittoreske oder bildhafte Namen: „eingerollte Wolke", „verzettelter Fimmel", „abgewickelte Hanffaser", „zerrissenes Netz", „Teufelsgesicht", „Skelettschädel", „Jadefragment", „verfilztes Bündel", „Axthieb"... Zusammengesetzt aus Haken, Winkeln oder Kurven, spielt der *cun* mit Fülle und Feinheit, daneben aber auch mit der Leere, die er einschließt oder hervorhebt, um gleichzeitig Form und Bewegung, Farbe und räumliche Tiefe anzudeuten.

Dong Qichang: Kaum berührt der Pinsel das Papier, da erscheinen die Figuren auch schon im Relief.

Mo Shilong: Wie entscheidend ist die Bedeutung von Pinsel und Tusche! Der Pinsel entfaltet seine Wirkung nicht, wenn man dem Umriß ohne eine Methode der Strichführung folgt; und die Tusche entfaltet ihre Wirkung nicht, wenn der gezogene Strich frei ist von hell und dunkel, vorne und hinten.

Die Alten sagten, daß ein gemalter Felsen von drei Seiten gesehen werden muß; das gilt gleichermaßen für Pinsel und Tusche.

Fang Xun: Der Strich weist Vorder- und Rückseite, Leere und Fülle auf. Ein vollendeter Künstler muß dazu in der Lage sein, die Dinge mit seinen Pinselschwüngen von verschiedenen Seiten zu zeigen.

Zheng Banqiao: Der Maler Wan Ge aus Xijiang ist ein Schüler des eminenten Badashanren. Er ist mit dem besonderen Talent begabt, Felsen mit einem einzigen Pinselzug zu malen. Und doch erstehen die Umrisse der Felsen sowie ihre kurvige und fleischliche Erscheinung bis in ihre winzigsten Einzelheiten.

Bu Yantu: Im Texturstrich gibt es den Gegensatz von Fülle und Leere. In der Spur ist es wichtig, das Spiel zu variieren: damit sich Dichtes und Konzentriertes mit Hohlem und Unverbundenem abwechseln, so daß das Ganze durch den Geist verlängert wird.

Huang Binhong: Maß halten (oder das Gleichgewicht bewahren) in den Verzweigungen der Texturstriche. Auf daß diese aufeinander reiten, ohne sich zu vermischen, füreinander Platz machen, ohne zusammenzustoßen. Um dies zu vermitteln, verwendeten die Alten das Bild einer Menge von Lastträgern, die einander auf einer engen Straße begegnen: wie sie es verstehen, einander auszuweichen, und doch zugleich nah aneinander vorbeizugehen! (Huang verwendet den traditionellen Ausdruck: „Die Texturstriche können so eng zusammengedrängt sein, daß kein Lufthauch zwischen ihnen zirkulieren kann, und vermitteln doch den Eindruck, daß Pferde nach Belieben zwischen ihnen hindurchgaloppieren könnten.“[33]

Ein wichtiger Begriff in der Darstellung der Formen durch den Strich ist *yinxian*, „unsichtbar-sichtbar“. Er bezieht sich vor allem auf die Landschaftsmalerei, in der der Künstler die Kunst kultivieren muß, nicht alles zu zeigen, um den Atem le-

33 Matisse schreibt in seinen *Écrits et propos sur l'art* (Schriften und Bemerkungen zur Kunst): „Ich habe schon angemerkt, daß in abendländischen Werken die Gestalt der Leere, welche um die Blätter herum ausgelassen wird, genauso viel zählt wie das Bild der Blätter selbst; daß in zwei nebeneinander liegenden Zweigen die Blätter des einen Zweiges in einer stärkeren Verbindung zu denen des benachbarten Zweiges stehen als zu denen am selben Zweig.“ „Ich male den Olivenbaum, den ich von meinem Bett aus sehe. Sobald sich die Inspiration vom Objekt gelöst hat, betrachte ich die Leere zwischen den Zweigen. Die Beobachtung steht in keiner unmittelbaren Beziehung zum Objekt. So entgeht man dem gewohnten Bild des gemalten Objekts nach dem Klischee des „Olivenbaums“ und identifiziert sich gleichzeitig mit dem Gegenstand.“

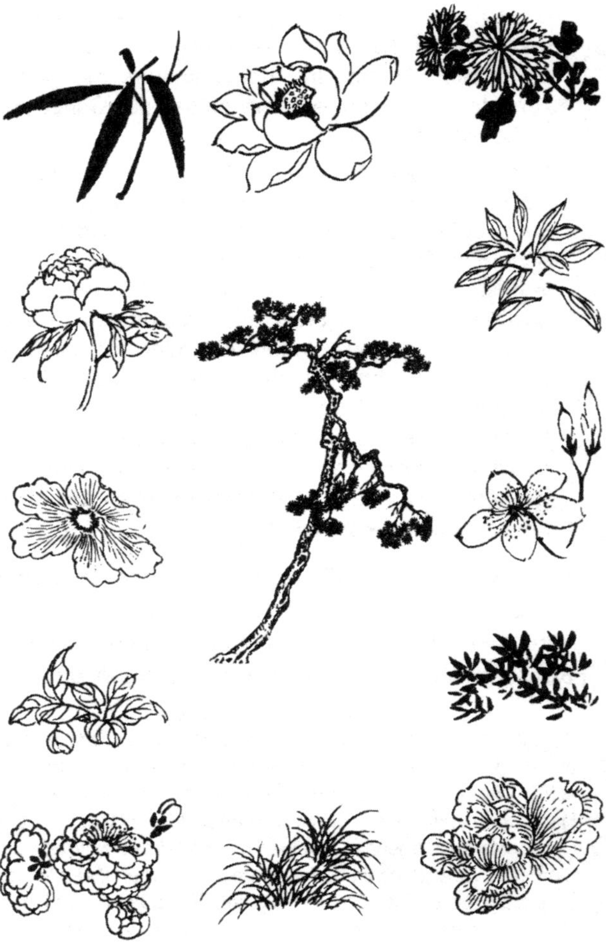

„verschiedene Skizzen“

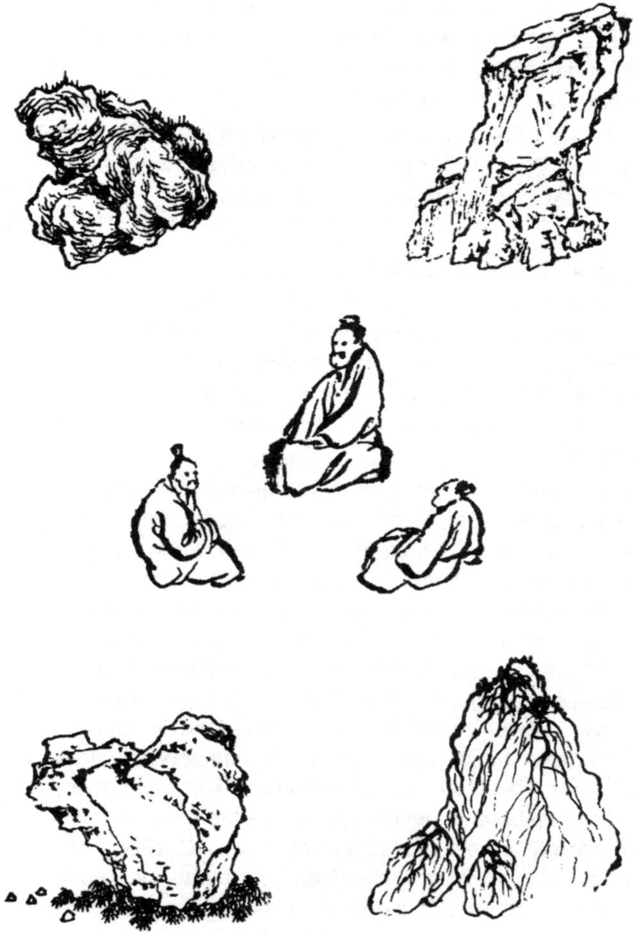

„verschiedene Texturstriche“

bendig zu halten und das Geheimnis zu wahren. Dies übersetzt sich in Unterbrechungen der Striche (Striche, die zu eng verbunden sind, ersticken den Atem) und in teilweisen oder umfassenden Auslassungen von Figuren in der Landschaft. Um den Reiz des *yinxian* hervorzuheben, wird, wie die folgenden Zitate belegen, oft auf das Bild des Drachens verwiesen, der in den Wolken Gestalt annimmt:

> *Wang Wei*: Die Spitze eines Turmes verliere sich im Himmel, und sein Fuß bleibe unsichtbar. Die Dinge müssen zugleich anwesend und abwesend sein; man erblickt nicht mehr als ihren oberen oder unteren Teil. Von Steinen oder Erhebungen nicht mehr als die Hälfte zeigen; von Katen und Pavillons nicht mehr als ein Stück Mauer oder Gesims andeuten.[34]
>
> *Zhang Yanyuan*: In der Malerei muß man sich davor hüten, bei der Gestaltung der Formen und der Farbgebung ein allzu bemühtes und fertiges Werk anzustreben; wenn man allzu stark mit seiner Technik auftrumpft, beraubt man die Malerei ihres Geheimnisses und ihrer Aura. Aus diesem Grund darf man sich nicht vor dem Unfertigen fürchten, sondern sollte sich stattdessen vor dem Allzu-Fertigen hüten. Sobald man von einem Gegenstand weiß, daß er fertig ist, weshalb sollte man sich da noch um seine Vollendung bemühen? Das Unfertige ist nicht unbedingt gleichbedeutend mit dem Unerreichten; der Makel des Unerreichten liegt eben darin, daß man nicht erkennt, wann eine Sache hinreichend fertig ist. Wenn man einen Wasserfall (oder eine Quelle) malt, sollten die Striche unterbrochen sein, ohne daß dies auch für den Atem zuträfe; und die Formen sollten unzusammenhängend sein, ohne daß dies auch für den Geist gälte. Man

34 Zitiert nach P. Ryckmans, *Les "Propos sur la peinture" de Shitao* (Shitaos *Bemerkungen über die Malerei*).

denke nur an den göttlichen Drachen in den Wolken: sein Kopf ist nicht mit dem Schwanz verbunden und doch ist sein Wesen von einem einzigen Hauch beseelt.

Li Rihua[35]: In der Malerei muß man sich gleichermaßen zurückzuhalten wie zu enthalten zu wissen. Sich zurückzuhalten zu wissen, heißt, die Umrisse und Volumina der Dinge mit Pinselstrichen zu erfassen. Doch wenn man dabei durchgehende oder starre Striche verwendet, beraubt man das Gemälde seiner Lebendigkeit. Selbst wenn es beim Entwurf der Formen darum geht, ein vollständiges Ergebnis zu erzielen, liegt die ganze Kunst der Ausführung doch in den Zwischenräumen und fragmentarischen Andeutungen. Daher die Notwendigkeit, sich zu enthalten zu wissen. Es bedeutet, daß die Pinselstriche des Malers unterbrochen werden (ohne daß dies auch für den Atem gälte, der sie beseelt), um das Angedeutete besser aufzunehmen. Ein Gebirgszug kann deshalb nicht-gemalte Vorsprünge enthalten, ein Baum auf einen Teil seines Astwerks verzichten, damit beide in einem Zustand des Werdens, zwischen Sein und Nicht-Sein, verbleiben.

Tang Yifen: Wenn ein Berg zu „voll" ist, muß er mit Dunst und Nebelschwaden „geleert" werden; ist er zu „leer" geworden, muß man ihn durch Hinzufügen von Pavillons und Terrassen „auffüllen". ... Jenseits der Berge, weitere Berge; scheinbar getrennt, sind sie doch miteinander verbunden. Jenseits der Bäume immer weitere Bäume; obwohl sie wie verwoben erscheinen, sind sie nicht miteinander verknüpft. ... Wenn schließlich die gesamte Szene ersteht, liegt ihre Wahrheit nicht in der Fülle der Pinselstriche. Wo sich der

35 Li Rihua (1565–1635) war ein umfassend gebildeter Gelehrter. Er ist der Autor zahlreicher Abhandlungen zu unterschiedlichsten Themen. Seine Bemerkungen zur Malerei, die sich über diese Abhandlungen verstreut finden, sind in die meisten Anthologien aufgenommen worden und bestechen durch Einsicht und Genauigkeit.

Blick des Geistes zusammenzieht, ist kein vollständiges Bild vonnöten.

Bu Yantu: Alle Dinge unter dem Himmel haben ihr Sichtbar-Unsichtbares. Das Sichtbare ist ihre äußere Erscheinung, ihr Yang; das Unsichtbare ist ihr inneres Abbild, ihr Yin. Ein Yin und ein Yang, das ist das Tao. Ein Beispiel ist der Drachen, der im offenen Himmel Gestalt annimmt. Zeigte er sich nackt und in seiner Gesamtheit, ohne Aura und Weiterung, welches Geheimnis könnte er da enthüllen? Deshalb verbirgt er sich stets hinter den Wolken. Wenn Wind und Regen aufziehen, schwingt er sich funkelnd empor, dreht und wendet sich prachtvoll. Bald läßt er seine Schuppen blitzen, bald seinen Schwanz erahnen. Der Betrachter kann seinen Weg selbst mit aufgerissenen Augen nie verfolgen. Durch die beiden Aspekte von Sichtbarkeit und Unsichtbarkeit entfaltet der Drache seine unendliche Faszinationskraft. ... Die Landschaft, die den Maler fasziniert, muß daher ebenfalls Sichtbares und Unsichtbares enthalten. Alle Elemente der Natur, die uns endlich erscheinen, sind in Wirklichkeit mit dem Unendlichen verbunden. Um das Unendliche in das Endliche einzubinden, um das Sichtbare mit dem Unsichtbaren zu kombinieren, muß der Maler nicht nur das Spiel von voll und leer soweit ausbeuten, wie es sein Pinsel erlaubt, sondern genauso auch das Spiel von konzentriert und verdünnt, das die Tusche ihm ermöglicht. Er kann bei der Leere ansetzen und sie in die Fülle münden lassen oder umgekehrt. Der Pinsel muß beweglich und zugleich kraftvoll sein und jedwede Banalität vermeiden. Die Tusche muß der Maler in unterschiedlichen Schattierungen verwenden und sich davor hüten, auf das Offenkundige zu verfallen. Er darf nicht vergessen, daß der Reiz der tausend Berge und zehntausend Täler in ihren verborgenen Kehren und geheimen Fugen liegt. Dort, wo die Hügel einander umarmen, wo sich die Felsen füreinander öffnen, die Bäume sich vermischen, die Häuser sich aneinander schmiegen, die Wege sich in der Ferne verlieren, der Teich in Gewässern verschwimmt, muß man weiße Flächen lassen, um durch den Glanz der Nebelschwaden und den Widerschein der Wolken eine Atmosphäre zu erschaffen, die mit Erhabenheit und Geheimnis aufgeladen ist. Eine Gegenwart ohne Gestalt, die dennoch mit einer unfehlbaren inneren Struktur ausgestattet ist. Um sie wiederzugeben, kann man die Kunst des Sichtbar-Unsichtbaren nie genug zur Geltung bringen!

Nachdem wir den Pinsel studiert haben, wollen wir uns im folgenden Abschnitt der Tusche zuwenden.

2. YIN-YANG (DUNKEL-HELL)

Die verbreitete Verwendung des Begriffspaares Yin-Yang in chinesischen Zusammenhängen ist wohlbekannt. Sie erstreckt sich auf alle Ebenen, von der Kosmologie bis hin zu den Wesen und Dingen. In der Malerei wird Yin-Yang in einem sehr präzisen Sinn aufgefaßt: das Paar bezieht sich hier auf die Wirkung des Lichts, die im Spiel der Tusche ihren Ausdruck findet. Unter der Wirkung des Lichts ist nicht nur der Konstrast von hell und dunkel zu verstehen, der jeden Gegenstand kennzeichnet, sondern alles, was durch das Licht geregelt wird: Atmosphäre, Schattierungen, Umrisse von Formen, Eindrücke von Entfernungen, usw.; mit dem Spiel der Tusche meinen wir vor allem die schwarze Tusche, deren sich die monochrome Malerei bedient. (Wir sollten allerdings hinzufügen, daß es in China immer auch Malerei auf der Grundlage von Mineralfarben gegeben hat, insbesondere in Form der sogenannten „Gold und Jade"-Malerei.) Wenn die chinesische Malerei zur Zeit ihrer höchsten Blüte (in der Epoche der Song und Yuan) die Tusche auf Kosten der Farbe bevorzugt, so zum einen deshalb, weil die Tusche durch ihre inneren Kontraste reich genug erscheint, um die unendlichen Nuancen der Natur auszudrücken; zum anderen, weil sie in Verbindung mit der Kunst des Strichs eine Einheit ermöglicht, die, wie schon gesagt, den Widerspruch zwischen Gestalt und Farbe, der Darstellung des Volumens und dem Rhythmus des Atems, auflöst. Durch diese doppelte Qualität, eins und vieles zugleich, wird die Tusche, ebenso wie der Pinsel, als eine unmittelbare Manifestation des ursprünglichen Universums begriffen. Dieser Sichtweise zufolge besteht die Absicht des Malers, wenn er sich der Tusche bedient, weniger darin, die Effekte des Lichts nachzubilden, als vielmehr das Licht an seiner Quelle zu erfassen. Der Blick des Malers wendet sich nach innen, weil die Effekte, die er mit der Tusche erzielt, nach einer langsamen Angleichung an die Phänomene der Außenwelt nichts anderes sind als der nuancierte Ausdruck seiner Seele.[36]

Unermüdlich teilen die Maler uns ihre minutiösen Beobachtungen zu den Variationen der Atmosphäre und den Nuancen der Schattierung mit, so wie sie in Landschaften zu beobachten sind. Wang Wei etwa schreibt in seinem berühmten *Shanshui fu*:

36 Matisse bemerkt in seinen *Écrits et propos sur l'art* (Schriften und Bemerkungen zur Kunst) ebenfalls: „Die Farbe trägt zum Ausdruck des Lichts bei, nicht im Sinne des physischen Phänomens, sondern des einzigen wirklich existierenden Lichts, dem Licht im Hirn des Malers. Aufgerufen und ernährt von der Materie und nachempfunden vom Geist, kann die Farbe das Wesen aller Dinge übersetzen und gleichzeitig auf die Intensität des emotionalen Schocks antworten. Entwurf und Farbe sind dennoch zuallererst Andeutung. Durch die Illusion müssen sie bewirken, daß der Betrachter die Dinge in Besitz nimmt. Ein altes chinesisches Sprichwort sagt: Wenn man einen Baum zeichnet, muß man, soweit möglich, fühlen, wie man sich aufrichtet."

Im Regen kann man weder Himmel oder Erde noch Westen oder Osten unterscheiden. Wenn ein Wind weht, der nicht von Regen begleitet ist, wird der Blick vor allem von den sich wiegenden Zweigen der Bäume angezogen. Im Regen bei Windstille dagegen erscheinen die Bäume wie zerschmettert; die Passanten setzen ihre Regenhüte auf, und die Fischer tragen ihre Strohüberwürfe. Nach dem Regen verziehen sich die Wolken und machen einem azurblauen Himmel Platz, der von leichten Nebeln zum Strahlen gebracht wird; die Berge verdoppeln ihren smaragdfarbenen Glanz, während die Sonne, die einige schräge Strahlen wirft, zum Greifen nah erscheint. In der Morgendämmerung lösen sich die Berggipfel aus der Nacht; bei Tag tritt dort, wo sich eben noch silbrige Nebel und verschwommene Farben vermischten, ein leicht zur Seite geneigter Mond hervor. In der Abenddämmerung, wenn der Horizont von der untergehenden Sonne vergoldet wird, treiben vereinzelte Nebelschleier über den Fluß. Die Leute beeilen sich heimzukehren; die Türen der Häuser sind angelehnt. Im Frühling ist die Landschaft eingehüllt in Nebel und Dunst; die Flüße tendieren ins Blaue, die Hügel zum Grün. Im Sommer verschatten hohe alte Bäume den Himmel; keine Welle kräuselt sich auf dem See. Der Wasserfall im Herzen der Berge scheint aus den Wolken zu fallen, und in dem einsamen Pavillon spürt man die Frische des Wassers. Im Herbst nimmt der Himmel die Farbe von Jade an; die Wälder werden dicht und geheimnisvoll. Wilde Eulen fliegen über den Fluß, und ein Paar Reiher halten sich an der Uferböschung fest. Im Winter bedeckt Schnee die Erde. Ein Holzfäller geht vorbei, beladen mit Reisigbündeln, und dort, wo das flache Wasser auf den Sand trifft, vertäut ein Fischer seinen Kahn.

Indem er soviel Aufmerksamkeit auf die Nuancen einer dem Wechsel der Jahreszeiten unterworfenen Landschaft verwendet, bringt der Maler in Wirklichkeit seinen eigenen Seelenzustand zum Ausdruck. Guo Xi schreibt in seinem *Shanshui xun*:

> Die frühlingshaften Berge sind mit einer Girlande aus Wolken und Dunst umkränzt; der Mensch erfreut sich dran. Die sommerlichen Berge sind gesättigt mit schattenspendendem Blätterwerk; der Mensch findet dort seinen Frieden. Die herbstlichen Berge bleiben heiter inmitten des fallenden Laubs; der Mensch erscheint ernst und würdevoll. Die winterlichen Berge sind schwer von dunklen, dicken Wolken; der Mensch hält sich fern und bleibt stumm.

Wir unterscheiden sechs verschiedene Sorten von schwarzer Tusche (die als unabhängige Farben angesehen werden): trocken, verdünnt und weiß; naß, konzentriert und schwarz. Diese Sorten werden in zwei parallele Gruppen eingeteilt, die drei Gegensatzpaare bilden: trocken-naß, verdünnt-konzentriert und weiß-schwarz. Um auf unser Thema zurückzukommen, sollten wir in diesem Zusammenhang auf die Bedeutung der Leere hinweisen. Die Verbindung zwischen Leere und Farbe hat ihr spirituelles Fundament in einer berühmten, buddhistisch inspirierten Äußerung: „Farbe ist Leere, Leere ist Farbe.“ Farbe steht hier für die schillernde Manifestation der phänomenalen Welt. Diese Manifestation wird desto besser ausgedrückt, je mehr sie von der Leere beseelt ist, die ihr unergründliches Geheimnis offenbart. In technischer Hinsicht wird die Leere in eine ganze Palette von Farbtönen übersetzt, insbesondere in die drei Sorten der Tusche aus der ersten Gruppe: trocken, verdünnt und weiß. Hinsichtlich der Weisen, wie man sich der Tusche im Zusammenspiel mit dem Pinsel bedient, können wir drei

Techniken anführen, die alle die Leere beinhalten, welche das dynamische Vibrieren des Atems gewährleistet:

Pomo, „zerschlagene Tusche“: nachdem man mit der Tusche die allgemeine Form und die unscharfen Konturen des Objekts herausgearbeitet hat, mithilfe des Texturstrichs, *cun*, Schattierungen einführen.

Pomo, „verspritzte Tusche“: mit ausholenden Schwüngen eines mit Tusche getränkten Pinsels malen; die Strichführung ähnelt mehr oder weniger ausgeprägten und konturlosen Spritzern.

Xuanran: Tuschezeichnung, oder die Kunst, sich verdünnter oder nasser Tusche zu bedienen, um tonale Abstufungen der Atmosphäre anzudeuten.

> *Wang Wei*: In der malerischen Rangordnung ist die Tuschmalerei (die Tuschezeichnung) allen anderen überlegen. Sie erfaßt das Wesen der Natur und vollendet das Werk der Schöpfung.
>
> *Bu Yantu*: Wo göttliche Magie wirkt, erreichen Pinsel und Tusche die Leerheit. Es gibt dann Pinsel jenseits des Pinsels und Tusche jenseits der Tusche. Man braucht nur seinem Verlangen zu folgen, und doch wird alles wunderbar, weil es sich um das Werk des Himmels handelt. ... Die Kunst der Tusche ist magisch, ja beinahe übernatürlich! ... Mit den Sechs Farben der Tusche läßt der Maler die Gesetze der Schöpfung Gestalt annehmen. Selbst das sogenannte „ohne Tusche“ ist nicht völlig frei von Tusche; es ist eine Weiterung des „Trocken-Verdünnten“. Während das „Trocken-Verdünnte“ von der Fülle geprägt bleibt, ist das „ohne Tusche“ völlig leer. Es gibt noch einen Zwischenzustand, *qiuran*, der darin besteht, die Leere durch die Fülle anzudeuten. Indem man Leere und Fülle abwechselt, schöpft man die Möglichkeiten der Tusche aus. Während es

Pinsel und Tusche leicht fällt, das Sichtbare, und damit die Fülle, zu malen, ist es viel schwieriger, das Unsichtbare, die Leere, darzustellen. Zwischen Berg und Wasser sind das Licht des Dunstes und die Schatten der Vogelschwärme in unaufhörlichem Wandel begriffen. Bald tauchen beide auf, bald verblassen sie. In vollem Glanz oder verhüllt, bergen sie in ihrer Mitte Atem und Geist. Die Alten versuchten mit allen Mitteln, das Geheimnis zu ergründen: durch den Pinsel-ohne-Pinsel wollten sie seinen Atem erfassen, mit der Tusche-ohne-Tusche seinen Geist ergreifen.

Ding Gao: Alle Dinge im Universum werden von Yin und Yang beherrscht. Für das Licht gilt, daß das helle Yang ist, das dunkle Yin. Bei Behausungen ist das Äußere Yang, das Innere Yin. Bei Objekten ist oben Yang, unten Yin. Will man die Wirkung von Yin und Yang wiedergeben, muß es im Pinsel Leeres und Volles geben. Weil zudem im Inneren des Yin Yang ist und im Inneren des Yang Yin, muß es auch im Pinsel Leeres im Vollen und Volles im Leeren geben. Die Leere, verkörpert durch die verdünnte Tusche, stellt den Prozeß dar, der vom Seienden ins Nichts verläuft, während die Fülle, die von der konzentrierten Tusche verkörpert wird, Spuren und Formen markiert. In der Malerei wie im Universum ist die Leere das „Gewand" des Yang und die Fülle das Herz des Yin.

Tang Yifen: Die „verspritzte" Tusche erzeugt einen unendlichen Reiz; die klar angewandte Farbe verkörpert die Nicht-Spur. Wir zwingen uns, die Farben zu variieren, um die Eintönigkeit zu durchbrechen, aber wissen wir auch, daß eine einzige Farbe unendlich wandelbar sein kann? Diese einzigartige Farbe erlaubt in sich selbst die Unterscheidung zwischen Yin und Yang. Um wieviel überlegener noch ist die unerschöpfliche Schönheit der Farblosigkeit. ... Unter den Sechs Sorten der Tusche dienen schwarz und weiß dazu, Helles und Dunkles in der Landschaft herauszuarbeiten; trocken und naß, um ihr differenziertes Kolorit und ihre anmutige Frische anzudeuten; und konzentriert und verdünnt, um Entfernung und Tiefe der Landschaft zu unterstreichen. In einem Landschaftsgemälde kann man die ursprüngliche Farbe des Papiers nutzen, um die helle Seite von Bergen und Felsen, die Oberfläche von Abhängen, die Ausdehnung von Gewässern, den unendlichen Himmel und die nur von Nebeln und Dunst bewohnte Leere anzudeuten. Außerdem verwendet man das Weiß zur Darstellung von Luft, Wasser, Nebelschwaden, Wolkenschleiern, Wegen, der Helle des Sonnenlichts, usw. Das Weiß ist Farbe und Leere zugleich; sein Reiz ist unerschöpflich.

Wang Yu: Um einen magischen Effekt zu erzielen, muß man in einer Art und Weise mit der Tusche spielen, daß dort, wo der Pinsel innehält, urplötzlich „etwas anderes" zum Vorschein kommt.

3. BERG-WASSER

Im Chinesischen bedeutet der Ausdruck Berg-Wasser im übertragenden Sinne „Landschaft". Die Landschaftsmalerei wird entsprechend „Berg-Wasser-Malerei" genannt. Es handelt sich mithin um eine Synekdoche, die einen repräsentativen Teil hervorhebt, um eine Gesamtheit anzudeuten. In chinesischer Sicht bilden Berge und Gewässer die zwei Pole der Natur; sie sind mit vielschichtigen Bedeutungen aufgeladen. (Beginnend mit diesem Abschnitt wollen wir uns im wesentlichen mit der Landschaftsmalerei beschäftigen.)

Zitieren wir zunächst einen berühmten Ausspruch des Konfuzius: „Den Mann des Herzens bezaubern die Berge; der Mann des Geistes erfreut sich am Wasser."[37] Den bei-

37 Konfuzius, *Gespräche*, VI.21.

den Polen des Universums entsprechen demnach die zwei Pole menschlicher Empfindsamkeit. Chinesen lieben es bekanntlich, Entsprechungen zwischen den Eigenschaften der Dinge in der Natur und menschlichen Tugenden herzustellen. So wird der Status des *junzi*, „des Edlen“, auch der Orchidee, dem Bambus, der Tanne und dem Pflaumenbaum zugesprochen, um deren jeweilige Tugenden von Güte, Strenge, Jugend und Erhabenheit zu beschreiben. Wir haben es hier keineswegs mit einem schlichten naturalistischen Symbolismus zu tun. Die Entsprechungen sind auf eine Kommunion gerichtet, durch die der Mensch, indem er die Außenwelt verinnerlicht, die naturalistische Perspektive umkehrt.[38] Die Außenwelt ist nicht mehr bloß eine Oberfläche; indem sie von innen betrachtet wird, wird sie zum Ausdruck des Menschen selbst. Daraus ergibt sich zugleich die Bedeutung, die den „Haltungen“, „Gesten“ und „wechselseitigen Beziehungen“ in gemalten Gruppen von Bergen, Bäumen oder Felsen zugesprochen wird. Berge und Gewässer zu malen, heißt in diesem Zusammenhang, ein Porträt des Menschen anzufertigen, und zwar nicht so sehr eines seiner physischen Gestalt (auch wenn dieser Aspekt nicht völlig fehlt), als vielmehr seines Geistes: ein Porträt seines Rhythmus, seiner Gangart und Wendungen, seiner Widersprüche und Ängste, seiner beschaulichen und überschäumenden Freuden, seiner verborgenen Leidenschaften, seiner unverwirklichten Träume, usw. Berg und Wasser dürfen daher nicht als schlichte Vergleichsgegenstände oder bloße Metaphern aufgefaßt werden. Sie verkörpern vielmehr die grundlegenden Gesetze des makrokosmischen Universums,

38 Diese Idee wird im Chinesischen mit dem Wort *qingjing*, „Gefühlslandschaft“, ausgedrückt.

das organische Verbindungen mit dem Mikrokosmos Mensch unterhält.[39]

Aus dieser Sicht des Lebens geht die tiefe Bedeutung von Berg und Wasser hervor, auf die wir in der Einführung und in Kapitel 1 bereits mehrfach hingewiesen haben: durch den Reichtum ihrer Inhalte, ihre konstrastiven Beziehungen und die zwischen ihnen bestehende Komplementarität werden Berg und Wasser zu den Hauptfiguren der universellen Verwandlung. Die Idee der Verwandlung gründet in der Überzeugung, daß die beiden Wesenheiten ungeachtet ihrer scheinbaren Gegensätzlichkeit dazu tendieren, ineinander überzugehen. Beide werden tatsächlich als Zustände wahrgenommen, die unaufhörlich von dem ihnen komplementären anderen angezogen werden. Genauso wie das Yang im Yin und das Yin im Yang enthalten ist, ist der Berg, der für das Yang steht, potentiell Wasser, und das Wasser, das für das Yin steht, potentiell Berg.

> *Shitao*: Das Meer hat eine gewaltige Brandung, der Berg besitzt eine latente Aufnahmefähigkeit. Das Meer verschlingt und verstößt, der Berg kniet nieder und neigt sich. Das Meer kann eine Seele spiegeln, der Berg einen Rhythmus befördern. Der Berg läßt uns durch die Überlagerung seiner Felsvorsprünge, die Abfolge seiner Felswände, seine verborgenen Täler und Abgründe, seine steilen, unvermittelt aufragenden Gipfel, durch Dunst, Nebel und Tau und durch seine Rauchschwaden und Wolken an das Meer mit seiner Brandung, seinem Verschlingen und dem Sprühen der Gischt denken. All das ist dennoch nicht die Seele, die

39 Die klassische chinesische Malerei hat den tragischen Aspekt des menschlichen Lebens weitgehend vernachlässigt, auch wenn sich die buddhistische Malerei seiner in gewissem Maße angenommen hat.

das Meer selbst offenbart; es sind nur diejenigen Eigenschaften des Meeres, die sich die Berge aneignen.

Das Meer kann seinerseits ebenfalls den Charakter der Berge annehmen: die Unermeßlichkeit des Meeres, seine Untiefen, sein wildes Gelächter, seine verwirrenden Trugbilder, seine springenden Wale und seine stolz aufgerichteten Drachen, seine Gezeiten, die in ihren aufeinanderfolgenden Wogen Felsvorsprüngen gleichen: dies sind die Dinge, durch die das Meer sich Eigenschaften der Berge aneignet, und nicht umgekehrt. Von dieser Art sind also die Eigenschaften, die Meer und Berge sich voneinander aneignen, und der Mensch hat Augen, um es zu sehen... Wer das Meer indessen nur auf Kosten des Berges erfaßt, und den Berg nur auf Kosten des Meeres, der besitzt in Wahrheit lediglich eine stumpfe Anschauung. Ich, freilich, nehme beide wirklich wahr! Der Berg ist das Meer und das Meer der Berg. Berg und Meer wissen um die Wahrheit meiner Wahrnehmung: alles liegt im Menschen, im freien Schwung des Einen Pinsels und der Einen Tusche!

Dieser Prozeß des wechselseitigen Ineinanderübergehens erzeugt die zirkuläre Bewegung, die Shitao *zhouliu*, „universelle Strömung“, und *huanbao*, „universelle Umarmung“, nennt:

Man muß auf nicht weniger als auf die Berge zurückgreifen, um der Welt Größe zu sehen, und auf nicht weniger als das Wasser, um ihre Unermeßlichkeit zu erkennen. Damit die universelle Strömung sichtbar wird, muß sich der Berg auf das Wasser beziehen; und das Wasser muß sich auf den Berg beziehen, wenn die universelle Umarmung greifbar werden soll. Wenn die wechselseitige Beziehung von Berg und Wasser unausgedrückt bleibt, lassen sich die universelle Strömung und die universelle Umarmung durch nichts erklären. Ohne sie können die Kunstfertigkeit und das Leben (von Pinsel und Tusche) ihr Handlungsfeld nicht finden. Von dem Moment an jedoch, in dem Kunstfertigkeit und Leben zur Anwendung gebracht werden, erreichen die universelle Strömung und die universelle Umarmung ihren Zweck, und sobald dies der Fall ist, ist die Bestimmung der Landschaft erfüllt.

Was muß man tun, damit in einem Gemälde die zirkuläre Bewegung zwischen Berg und Wasser wirksam werden kann? Die Leere einführen, sei es in Form des leeren Raumes, in Form von Nebelschleiern und Wolken, oder noch einfacher durch unterbrochene Striche und verdünnte Tusche. Die Leere zerreißt die starre Gegensätzlichkeit zwischen den beiden Wesenheiten und bringt durch den Hauch, den sie erzeugt, die innere Verwandlung hervor. Was die Wolken im besonderen angeht, so haben wir bereits gesagt, daß sie das am besten geeignete Element sind, um den Eindruck der dynamischen Anziehungskraft hervorzubringen, dank deren der Berg zum Wasser und das Wasser zum Berg zu tendieren scheint. (Mi Fu: „Die Wolken sind die Zusammenfassung der Landschaft, denn verborgen in ihrer unerfaßbaren Leere erblickt man zahlreiche Gebirgszüge und Wasserflächen.")

In dieser von der Leere beseelten Beziehung zwischen Berg und Wasser ist ein grundlegender Begriff angesiedelt, der gleichermaßen Malerei und Geomantie bestimmt: *longmai*, „Drachenarterien", ein Begriff, der seinerseits zwei weitere Begriffspaare beinhaltet: *kaihe*, „Öffnen und Schließen", d.h. die kontrastive Gestaltung des Raumes, und *qifu*, „Aufstieg und Abstieg", d.h. die rhythmische Abfolge der Landschaft. Das Bild der Drachenarterien ruft einmal mehr eine dynamische, vom Lebensatem durchzogene Landschaft hervor, deren rhythmisches Wogen, mehr noch als das, was sichtbar ist, das Verborgene und Virtuelle erkennbar werden läßt. Das Gemälde wird nur dann lebendig, wenn der Maler die Kunst von *kaihe* und *qifu* beherrscht.

Was für die Beziehung zwischen Berg und Wasser gilt, trifft auch auf das Verhältnis zu, das zwischen anderen Elementen der Natur besteht (insbesondere zwischen Bäumen und Felsen sowie zwischen Tieren und Pflanzen). In jedem dieser Fälle läßt der Maler vermittels der Leere den Pulsschlag des Unsichtbaren spürbar werden, in das alle Dinge eingetaucht sind.

4. MENSCH-HIMMEL

Wir haben beim Paar Berg-Wasser gesehen, wie die Leere im Herzen einer Landschaft wirkt, die durch ihre beiden Pole dargestellt wird. Wenn wir unsere Blickfeld erweitern, werden wir der Beziehung gewahr, die in einem Landschaftsgemälde zwischen den einzelnen gemalten Elementen und dem sie umgebenden und tragenden Raum besteht. Die Beziehung zwischen Fülle (den gemalten Elementen) und Leere (dem diese umgebenden Raum) verweist in Wahrheit auf eine weitere wesentliche Beziehung, diejenige zwischen Erde und Himmel. Wenn Berge und Gewässer die beiden Pole des Irdischen darstellen, ist die Erde ihrerseits, als lebendige Einheit, im Verhältnis zum Himmel zu verorten. So ergibt sich ein Spiel der Kontraste auf mehreren Ebenen, ein Spiel von Yin und Yang, so wie es im chinesischen Denken verstanden wird. Im allgemeinen wird dem Berg eine Yang-Natur und dem Wasser eine Yin-Natur zugesprochen; das Paar Berg-Wasser (Yang-Yin) bildet die Erde, welcher im Gegensatz zum Himmel, der Yang ist, ihrerseits eine Yin-Natur zuerkannt wird. Entscheidend ist mithin, zwischen den Ebenen zu unterscheiden, die ein organisches Netzwerk bilden, das sich wie folgt darstellen läßt (diese Spiralfigur kann gleichermaßen dazu dienen, weitere „Unterebenen" anzudeuten, die im Inneren jeder Ebene einbegriffen sind):

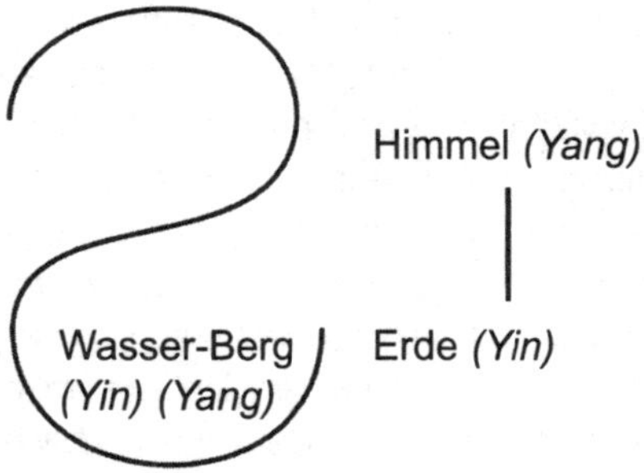

Das Spiel zwischen Himmel und Erde ist kein Spiel zu zweit, sondern eines zu dritt, weil auf dieser Ebene immer auch der Mensch gegenwärtig ist, einerseits durch seine privilegierte Bindung an die feste Erde, andererseits durch die ihm ebenso eigene Dimension des Himmlischen; vor allem aber durch den Blick, den er (als Maler oder Betrachter) auf die gesamte Landschaft wirft, der er gleichzeitig als integraler Bestandteil angehört. In dieser Dreierbeziehung (Himmel-Erde-Mensch) scheinen mehrere Aspekte, denen gemeinsam ist, daß es die Leere ist, die ihre Einheit und Ganzheit gewährleistet, unsere Aufmerksamkeit zu verdienen: a) die „geistige" Dimension der Elemente, die in einem Gemälde versammelt werden; b) die Perspektive; und c) die Einschreibung von Gedichten in den Raum.

a) *Die „geistige" Dimension der Elemente in einem Gemälde*

Als wir von den Sechs Prinzipien der Malerei gesprochen haben, die Xie He entworfen hat, haben wir auf das berühmteste unter ihnen verwiesen: den rhythmischen Atem erzeugen und beseelen. Genauso bedeutsam erscheint ein weiteres Prinzip: die zu malenden Elemente souverän anordnen. Dieses Prinzip, das sich auf das Problem des inneren Aufbaus von Gemälden bezieht, fordert nicht zu einer subjektiven oder willkürlichen Anordnung auf. Auch wenn er seine Wahrnehmung der Dinge zur Geltung bringt, muß der Maler die grundlegenden Gesetze der Wirklichkeit berücksichtigen. Die Idee dieses Prinzips ist, daß die Malerei sich nicht damit zufrieden geben darf, die äußere Erscheinung der Dinge darzustellen; vielmehr muß sie ein Universum nachempfinden, daß zu gleichen Teilen aus dem uranfänglichen Hauch und dem Geist des Malers geboren ist.

In dieser Sichtweise zeigt sich noch einmal die Bedeutung des Spiels von voll und leer. Einer traditionelle Regel besagt: „In einem Gemälde, ein Drittel Fülle, zwei Drittel Leere." Diese Regel ist natürlich nicht starr auszulegen. Was sie unterstreicht, ist einmal mehr die Philosophie, die ihr zugrundeliegt. Genauso wie das eine Drittel Fülle in Wirklichkeit der Erde (den Elementen des Irdischen) entspricht und die zwei Drittel Leere dem Himmel (den Elementen des Himmlischen und der Leere), ist das harmonische Verhältnis zwischen Himmel und Erde seinerseits identisch mit dem, welches der Mensch, der an den Tugenden sowohl des Himmels als auch der Erde teilhat, in seinem Inneren aufzustellen versucht. Das Gemälde konkretisiert damit den Wunsch des Menschen, der, nachdem er die Erde angenommen hat, zum

Himmel strebt, um die Leere zu erreichen, die alles in die belebende Bewegung des Tao hineinzieht.

Zhang Shi: Auf einem drei Quadratfuß großen Stück Papier nimmt der gemalte (sichtbare) Teil nicht mehr als ein Drittel ein. Auf dem verbleidenden Rest scheint es fast so, als gebe es keine Bilder, und dennoch haben die Bilder dort eine herausgehobene Präsenz. Die Leere ist daher nicht das Nichts. Sie ist ein Gemälde.

Jiang He: Der Reiz der Fülle zeigt sich nur durch die Leere. Drei Zehntel der Qualität eines Gemäldes liegen in der angemessenen Anordnung von Himmel und Erde, sieben Zehntel in der unzusammenhängenden Anwesenheit von Nebeln und Dunst.

Wu Chengyan: Bei Landschaftsgemälden muß man auf das Format achten. Kleinformatige Gemälde werden horizontal betrachtet; es ist daher angezeigt, sie nicht zu füllen. Großformatige Gemälde präsentieren sich vertikal; hier sollte man „zuviel Leere" vermeiden. Zusammenfassend gesagt, sollten kleinere Formate von Leere beherrscht sein, während es für größere Formate von Vorteil ist, wenn sie von einer durch Leere gemäßigten Fülle bestimmt werden.

Fan Ji: In der Malerei wird viel Aufhebens von dem Begriffspaar Fülle-Leere gemacht. Durch das Leere gelingt es dem Vollen, seine wahre Fülle zu zeigen. Freilich müssen wir uns vor Mißverständnissen hüten! Es wird gemeinhin angenommen, daß es, um Leere zu erzeugen, ausreicht, viel nicht-bemalten Raum zu belassen. Doch von welchem Interesse ist eine Leere, bei der es sich lediglich um unbeteiligten Raum handelt? In gewisser Hinsicht muß die wahre Leere noch vollständiger belebt sein als die Fülle. Denn sie ist es, die in Form von Dunst, Nebelschleiern, Wolken oder unsichtbarem Hauch alle Dinge trägt und in den Prozeß der geheimen Wandlungen hineinzieht. Weit davon entfernt, den Raum „aufzulösen", gibt sie dem Gemälde eine Einheit, in der alle Dinge wie in einem organischen Gebilde atmen.

Die Leere ist der Fülle folglich keineswegs äußerlich, und noch weniger ist sie ihr entgegengesetzt. Die höchste Kunst besteht darin, die Leere inmitten der Fülle selbst einzuführen, ganz gleich, ob es sich um eine Einzelheit oder um den Aufbau des Ganzen handelt. Es heißt: „Jedem Pinselstrich muß die Idee [oder der Geist] vorangehen, und jeder muß von ihr verlängert werden." In einem von wirklicher Leere durchzogenen Gemälde kann und muß der dynamische Lebensatem im Inneren jedes Strichs, zwischen den Strichen und sogar im Herzen des dichtesten Ensembles frei zirkulieren.

Huang Binhong: Ein Gemälde zu malen, ist wie Go spielen. Man bemüht sich, die „einsatzbereiten Punkte" auf dem Schachbrett in Stellung zu bringen. Je mehr man davon hat, desto sicherer ist man sich des Sieges. In einem Gemälde sind die einsatzbereiten Punkte nichts anderes als die Leere... In der Malerei wird viel Aufhebens von der Leere gemacht: man spricht von der großen und der kleinen Leere. Das ist eine Anspiegelung auf etwas, was die Alten gesagt haben: Der Raum mag so sehr angefüllt sein, daß kein Lufthauch mehr durch ihn hindurchdringt, und trotzdem enthält er soviel Leere, daß Pferde darin nach Belieben herumspringen können.

b) *Die Perspektive*

Die Perspektive ist gleichfalls in dem Prinzip „die zu malenden Elemente souverän anordnen" enthalten, denn auch bei ihr geht es in erster Linie um die geistige Gestaltung. Sie läßt sich in zwei Binomen zusammenfassen: *liwai*, „innen-außen“[40] und *yuanjin*, „fern-nah“, die deutlich aussagen, daß alles von Gleichgewicht und Kontrast abhängt. Im Unterschied zur linearen Perspektive, die einen privilegierten Standpunkt und eine Fluchtlinie voraussetzt, wird die chinesische Perspektive bald als Vogelperspektive, mitunter aber auch als Reiterperspektive charakterisiert. Der Maler wird in der Regel dazu angehalten, sich auf einer Anhöhe zu plazieren, so daß er einer Gesamtansicht der Landschaft teilhaftig wird (um die Entfernungen zwischen den Dingen anzuzeigen, die in einen atmosphärischen Raum eingetaucht sind, verwendet er Kontraste in Volumen, Form und Schattierung); gleichzeitig scheint er sich jedoch auch durch das Gemälde hindurchzubewegen, indem er den Rhythmus eines dynamischen Raums aufnimmt und die Dinge aus der Ferne, von Nahem und aus unterschiedlichen Blickwinkeln betrachtet. (Berge etwa werden oft zugleich aus einer gewissen Höhe und frontal betrachtet; und solche in der Ferne können größer erscheinen als die im Vordergrund. Genauso werden auch Vorder- und Seitenwände sowie das Innere und Äußere menschlicher Behausungen zur gleichen Zeit gezeigt.) Erinnern wir in diesem Zusammenhang an die Konzeption von „Mikro- und Makrokosmos“. Der Maler strebt danach, einen medialen Raum zu erschaffen, in dem der Mensch an die Strömung des Lebens Anschluß findet. Ein Gemälde ist nicht

40 Dieses Binom bezieht sich auf die Darstellung von Elementen, die Kontraste von Innerem und Äußerem beinhalten: Berge, Felsen, menschliche Behausungen. In Bezug auf letztere sollten wir auf eine wichtige Tatsache hinweisen: in der chinesischen Tradition gibt es praktisch keine geschlossenen „häuslichen Szenen“. Jedes Interieur öffnet sich zum Äußeren, Unterkünfte werden stets zugleich von innen und außen betrachtet.

so sehr Objekt der Betrachtung, vielmehr muß es gelebt werden. Die zweifache Perspektive, von der wir soeben gesprochen haben, übersetzt den Wunsch chinesischer Künstler, das Wesen aller Dinge des Universums zu leben und dadurch seine Erfüllung zu finden. Der bedeutende songzeitliche Maler Guo Xi sagt es so: „Es gibt gemalte Landschaften, die man durchquert oder betrachtet; andere, in denen man herumspazieren kann; und wieder andere, in denen man verweilen oder leben möchte. Alle derartigen Landschaften erreichen einen Grad der Vortrefflichkeit. Und doch sind diejenigen, in denen man leben möchte, allen anderen überlegen.“ An anderer Stelle schreibt er: „Das Verlangen, das durch die Malerei ausgelöst wird, läßt sich so beschreiben: Man ist versucht, sich auf den Saumpfad zu begeben, der sich durch den bläulichen Dunst hinaufwindet, oder einen Blick auf den Widerschein der Abendsonne im friedlichen Fluß zu werfen; man wünschte sich, die Erfahrungen der Einsiedler an ihrem Rückzugsort im Herzen der Berge zu erleben oder zwischen den Felsen zu spazieren, die aus schroffen Überhängen hervorragen. Die Malerei muß im Betrachter den Wunsch erwecken, sich in ihr wiederzufinden; nur so wird der Eindruck des Wunderbaren, den sie erzeugt, über sie hinauswachsen und sie übersteigen.“

Das Problem, das den Maler vor allem anderen umtreibt, ist die Sorge um Verhältnis und Proportion. In seinem *Shanshui fu* sagt Wang Wei:

> Will man ein Landschaftsgemälde malen, muß die Idee dem Pinsel vorausgehen. Was die Proportionen angeht: Höhe eines Berges, zehn Fuß; Höhe eines Baumes, ein Fuß; Größe eines Pferdes, ein Zehntel Fuß; Größe eines

Menschen, ein Hunderstel Fuß. Für die Perspektive gilt: bei einem Menschen in der Ferne sieht man die Augen nicht; bei einem weit entfernten Baum kann man die Zweige nicht unterscheiden; auf einem Berg in der Ferne, dessen Umrisse so weich geschwungen sind wie Augenbrauen, ist kein Fels erkennbar; genausowenig ist auf einer Wasserfläche, die am Horizont die Wolken berührt, eine Welle zu sehen. Zur Beziehung zwischen den einzelnen Elementen: die Berge sind von Wolken umschlossen; die Felsen verbergen Quellen; Pavillons und Terrassen sind von Bäumen umgeben; auf den Pfaden sind menschliche Spuren zu sehen. Ein Felsen muß von drei Seiten zu sehen sein; ein Weg kann von seinen beiden Enden her verstanden werden; ein Baum wird vom Wipfel aus wahrgenommen; eine Wasserfläche wird durch den Wind empfunden, der über sie hinwegstreicht. Vor allem anderen muß man die Anzeichen in Betracht ziehen, die die Atmosphäre ausmachen. Zwischen Hellem und Dunklen, Deutlichem und Undeutlichem unterscheiden. Eine Rangordnung zwischen den einzelnen Figuren erstellen. Ihre jeweilige Haltung und Gangart bestimmen und ihre wechselseitigen Grußbezeigungen festhalten. Zuviele Elemente bergen die Gefahr der Verstopfung; zuwenige die der Erschlaffung. Man muß daher das rechte Maß und die angemessenen Entfernungen finden. Was zwischen fern und nah an Leere verbleibt, kommt sowohl den Bergen als auch den Wasserläufen zugute.

Hieran anschließend sollte die Tradition drei „Distanzen" unterscheiden, die für die Perspektive bestimmend wurden (siehe hierzu die Illustrationen auf der nächsten Seite).

1. *Shenyuan*, „die tiefgründige Distanz": die weitaus am häufigsten verwendete Perspektive. Der Betrachter wird auf eine Anhöhe gestellt, von der aus er einen weiten panorami-

schen Überblick über die Landschaft besitzt (beste Beispiele sind die Werke des Dong Yuan).

2. *Gaoyuan*, „die erhöhte Distanz": diese Perspektive wird gewöhnlich in vertikalen Gemälden verwendet. Der Betrachter, der sich auf einer relativ niedrigen Ebene befindet, blickt nach oben. Der bestimmende Horizont des Gemäldes ist folgerichtig nur wenig erhöht. Der Blick des Betrachters folgt den Höhenabstufungen, die durch verschiedene, einander überlagernde Bergzüge dargestellt werden, welche jeweils einen eigenen Horizont bilden.

3. *Pingyuan*, „die ebene Distanz": aus einer nahen Position schweift der Blick des Betrachters ungehindert in die Unendlichkeit.

Zur Darstellung panoramischer Landschaften enthält in großformatigen Gemälden jede der drei „Distanzen" ihrerseits drei weitere, innere Abstufungen, die den Eindruck der Entfernungen durch ihre Kontraste akzentuieren. Nehmen wir zum Beispiel *gaoyuan*, „die erhöhte Distanz": in der Regel werden die einander überlagernden Berge in Dreiergruppen dargestellt. Genauso werden Gemälde in der *shenyuan*-Perspektive, der „tiefgründigen Distanz", von drei Gruppen von Bergzügen besetzt, die sich in immer weitere Ferne erstrecken. Die drei Abschnitte, die auf diese Weise die einzelnen Distanzen bilden, sind getrennt von Leere, so daß der Betrachter, wenn er der Einladung, in das Gemälde geistig einzutreten, folgt, den Eindruck gewinnt, als springe er jedes Mal von einem Abschnitt zum anderen. Der Sprung ist qualitativ, weil die Leere gerade die Funktion hat, einen unermeßlichen Raum anzudeuten, einen Raum, der aus dem Geist oder dem Traum geboren ist. Die Wanderung des Betrachters durch die Landschaft wird so zu einer spirituellen Wanderung: sie ist getragen von der lebendigen Strömung des Tao.

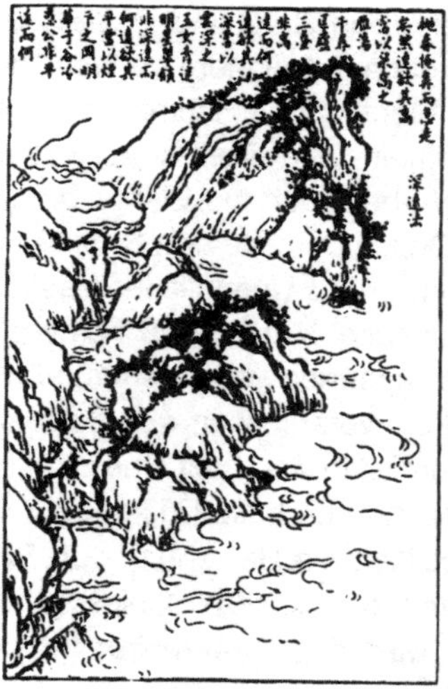

tiefgründige Distanz

ebene Distanz

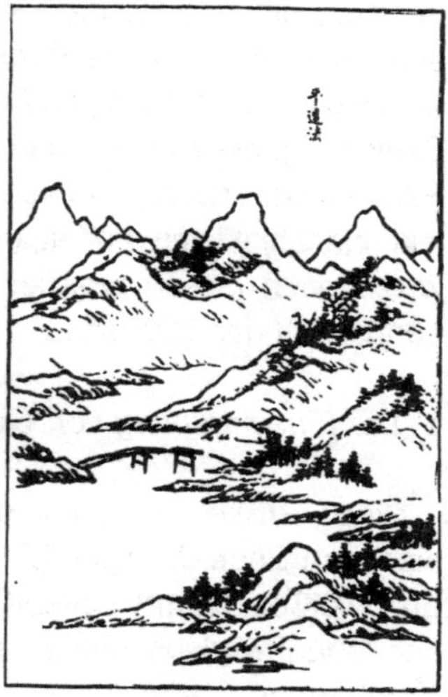

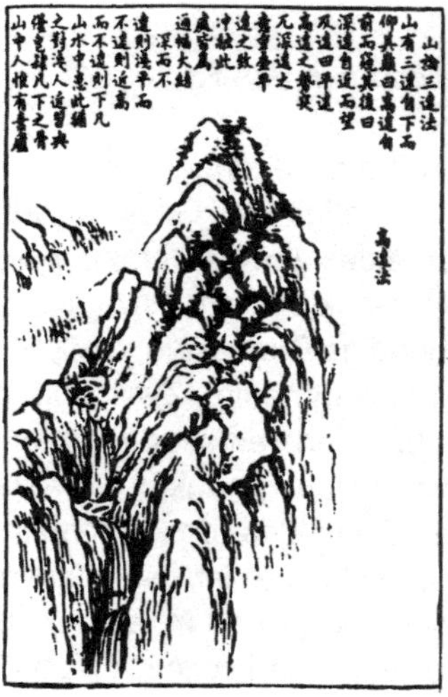

erhöhte Distanz

War die vorangehende Ebene von Berg und Wasser von der Zahl zwei gekennzeichnet, die auf die innere Verwandlung verweist, so ist die Ebene von Mensch und Himmel durch die Zahl drei geprägt, die die Vielheit („Die Drei verkörpert die Zehntausend Dinge"), zugleich aber auch die Einheit bedeutet. Tatsächlich beinhaltet die Drei, indem sie den Prozeß von Nähe und Ferne sowie von Ferne und Unendlichkeit auflöst, letztlich die Rückkehr. (*Laozi*, Kapitel XXV: „Groß heißt, daß der Weg sich ergießt, daß er sich immer weiter verströmt und dereinst in der Ferne die Rückkehr veranlassen wird.") Die Bewegung der Entfernung im Raum ist in Wahrheit eine zirkuläre Bewegung, die zurückkehrt und die durch die Umkehrung der Perspektive und des Blicks letztlich die Beziehung von Subjekt und Objekt verwandelt. (Während sich das Subjekt schrittweise nach außen projiziert, wird das Äußere zur inneren Landschaft des Subjekts.)

c) *Die Einschreibung von Gedichten in den Raum*

Diese Praxis, die unter den Tang begonnen wurde, hat sich zum Ende der Song-Zeit verstetigt. Das Gedicht, das in den weißen Raum eines Gemäldes (den Himmel) eingeschrieben wird, ist nicht bloß ein künstlich hinzugefügter Kommentar: indem es eine lebendige Dimension, die Zeit, in ihn einführt, belebt es den Raum wahrhaftig. (Zwischen den kalligraphierten Schriftzeichen und den gemalten Elementen gibt es kaum einen Bruch, weil beide Produkte desselben Pinsels sind.) Im Herzen eines Gemäldes, das durch einen dreidimensionalen Raum gekennzeichnet ist, offenbart das Gedicht durch seinen Rhythmus und seinen Inhalt, der sich auf eine gelebte Erfahrung bezieht, den Prozeß, durch den das Denken des Malers dieses Gemälde hervorgebracht hat; durch das Echo, das es hervorruft, verlängert es das Gemälde noch weiter. Eine Zeit im gelebten und immer wieder erneuerten Rhythmus; eine, die den Raum offen hält. Das eingeschriebene Gedicht erlaubt dem Menschen auf diese Weise, seine Anwesenheit inmitten von Himmel und Erde kenntlich zu machen, selbst wenn er nicht figürlich dargestellt ist. Weiterhin ermöglicht es auch dem Spiel von Fülle und Leere, seine tiefste Bedeutung zu offenbaren, die darin liegt, die Ganzheit jenseits aller Widersprüche und Verwandlungen zu fördern.

5. DIE FÜNFTE DIMENSION

Im Verlauf der vier Ebenen, die wir bisher betrachtet haben (Pinsel-Tusche —-> Yin-Yang —-> Berg-Wasser —-> Mensch-Himmel), haben wir eine spiralförmige Bewegung verfolgt, eine Bewegung, die zugleich in sich selbst gekehrt und zum Unendlichen geöffnet ist. Auf der letzten Ebene von Mensch und Himmel haben wir die Suche nach einer Symbiose von Zeit und Raum feststellen können und, von dieser ausgehend, eine Suche nach der Vereinigung von Mensch und Universum. Eingedenk dieser Feststellung ist es angebracht von einer Art Fünfter Dimension (jenseits von Raum und Zeit) zu sprechen, die von der Leere in ihrem höchsten Grad repräsentiert wird. In diesem höchsten Grad transzendiert die Leere das malerische Universum, dessen Fundament sie gleichzeitig bleibt, indem sie es zur ursprünglichen Einheit bringt.

So ungreifbar sie auch erscheinen mag, wollen wir doch versuchen, die Einheit der Leere in ihrer „Materialität“ zu erfassen. Wir denken insbesondere an die papierne Unterlage des Gemäldes sowie die Geste des Betrachters, wenn er die Bildrolle ausbreitet.

Das jungfräuliche Papier als ursprüngliche Leere zu begreifen, von der alles ausgeht, den ersten ausgeführten Strich als den Akt, der Himmel und Erde trennt, die folgenden Striche, die, soweit das überhaupt möglich ist, alle Formen verkörpern, als mannigfaltige Metamorphosen des ersten Strichs und schließlich die Vollendung des Gemäldes als höchsten Grad einer Entwicklung, durch die die Dinge zur ursprünglichen Leere zurückkehren – das ist es, was das Denken jedes chinesischen Künstlers in den Blütezeiten der chinesischen Malerei bestimmt hat; das ist es, was den Akt des Malens in einen Akt der Imitation, nicht des Spektakels der Schöpfung, sondern der „Gesten" des Schöpfers selbst, verwandelt hat.

Hua Lin: Wenn die Malerei an dem Punkt anlangt, wo sie keine Spuren mehr hinterläßt, erscheint sie auf dem Papier als eine natürliche und notwendige Emanation des ursprünglichen Papiers, das nichts anderes ist als die Leere selbst.

Wang Yu: Die reine Leere ist der Zustand höchster Vollkommenheit, auf den sich jeder Künstler zubewegt. Doch nur wer ihn zunächst in seinem Herzen empfindet, wird ihn erreichen können. Wie in einer chan-buddhistischen Erleuchtung geht man in der plötzlich hervorbrechenden Leere auf.

Zheng Xie: Gewiß, das Gemälde befindet sich auf dem Papier. Doch gibt es noch etwas außerhalb des Papiers, das vom Unsichtbaren verlängert und gereinigt wird.

Huang Binhong: Wenn die Alten malten, konzentrierten sie ihre Anstrengungen auf den Raum, wo Pinsel und Tusche abwesend waren; das ist das schwierigste. „Bewußtsein des Weißen und Aufnahmefähigkeit des Schwarzen" – der einzige Weg, der ins Geheimnis führt.

Die Rückkehr ist das vollendete Gemälde. Aufgerollt wird es zu einem in sich selbst eingeschlossenen Universum. Es auszurollen, heißt (für den daran teilnehmenden Betrachter) jedes Mal aufs Neue, das Wunder zu vollbringen, die Zeit zu entknoten und ihren lebendigen und bestimmenden Rhythmus wiederzubeleben. (Erinnern wir daran, daß das Aufrollen und Betrachten eines Meisterwerks, das Stunden in Anspruch nimmt, in China ein beinahe heiliges Ritual darstellt.) In dem Maße, in welchem sich das Gemälde entrollt, verräumlicht sich die gelebte Zeit, nicht in einen abstrakten Rahmen, sondern in einen qualitativen und unermeßlichen Raum. Was chinesische Künstler vor allem anderen anstreben, ist daher, die gelebte Zeit in einen lebendigen Raum zu übersetzen, der durchzogen ist vom Lebensatem und in dem sich das wahre Leben ereignet. Müssen wir wirklich noch einmal betonen, daß diese Verwandlung von Zeit und Raum nur aufgrund der Leere möglich ist? Die Leere bringt Diskontinuität in die lineare und zeitliche Entwicklung des Gemäldes ein; und durch die Umkehrung der Beziehungen von innen und außen, fern und nah, verwirklicht und möglich, setzt sie den umkehrbaren Prozeß der Rückkehr in Gang, der die „Wiederinbesitznahme" des ganzen, vergegenwärtigten oder geträumten, in jedem Falle aber unaufhörlich sprudelnden Lebens bedeutet.

Die letzte Vision dieser Kunst wäre eher musikalisch als bildlich, wie das *Buch der Musik* bestätigt: „Der Weg von Ritual und Musik ist derselbe wie der von Himmel und Erde." Durch ihre zweifache Erscheinung, als zugleich melodisch und harmonisch, trifft sich eine solche sichtbare Musik mit dem uranfänglichen Hauch, von dem der unwiderstehliche Rhythmus des Universums ausgeht.

Zusammenfassende Liste von Fachbegriffen

Verweisen wir zunächst auf die vier für alle Ebenen grundlegenden Begriffe:

Qi 氣 (Lebenshauch): der chinesischen Kosmologie zufolge geht das geschaffene Universum aus dem uranfänglichen Hauch und dem aus ihm abgeleiteten Lebensatem hervor. Daraus folgt die Bedeutung, die der Wiedergewinnung des Atems in der Kunst wie im Leben beigemessen wird. „Den harmonischen Atem beseelen", ein Prinzip, das von Xie He am Anfang des sechsten Jahrhunderts formuliert wurde, ist daher zur goldenen Regel der chinesischen Malerei geworden.

Li 理 (Prinzip, Gliederung, innere Linie): die Vorrangstellung, die dem Lebensatem zuerkannt wird, erlaubt dem Künstler, seine Vorliebe für einen allzu realistischen Illusionismus zu überwinden. Es geht ihm weniger darum, die äußere Erscheinung der Welt zu beschreiben, als die inneren Prinzipien zu erfassen, die die Dinge gliedern und sie zueinander in Beziehung setzen.

Yi 意: dieser vielschichtige Begriff läßt sich in europäischen Sprachen nur durch eine ganze Reihe von Wörtern wiedergeben: Idee, Verlangen, Trieb, Intention, erregtes Bewußtsein, korrekte Sichtweise, usw. Er bezieht sich auf die geistige Disposition des Künstlers im Moment der Schöpfung. Daher der Ausspruch: „Jedem Pinselstrich muß die *yi* vorausgehen, und jeder muß von ihr verlängert werden." In chinesischer Sicht ist dieser Teil des Menschen nicht frei von der Willkürlichkeit reiner Subjektivität. Lediglich in dem Maße, in dem der Künstler durch die Übersetzung von *qi* und *li* die *yi* (Intentionalität) verinnerlicht hat, die allen Dingen innewohnt, kann seine eigene *yi* wirklich souverän und wirksam werden.

Shen 神 (Seele, Geist, göttliches Wesen): die künstlerische Schöpfung ist keine schlichte Entsprechung zwischen Mensch und Universum. Durch sein Handeln im Prozeß des Tao regt der menschliche Genius das geheimnisvolle Werden dazu an, im *shen* Gestalt anzunehmen.

EBENE 1: PINSEL-TUSCHE

Diese Ebene bezieht sich auf das Werk des Pinsels. Schon die bloße Handhabung des Pinsels ist zum Gegenstand äußerst differenzierter Studien geworden. Mit Bezug auf den Körper des Künstlers sprechen wir von *shizhou* 實肘 (dem vollen Arm), *xuwan* 虛腕 (dem leeren Handgelenk), *zhifa* 指法 (der Fingermethode), usw. Hinsichtlich der Bewegung des Pinsels unterscheidet man *zhengfeng* 正鋒 (den Frontalansatz), *cefeng* 側鋒 (den schrägen Ansatz), *zhebi* 折筆 (mit zurückgekämmtem Haar), *hengbi* 橫筆 (mit anliegendem Haar), *an* 按 (angedrückt), *ti* 提 (abgehoben), *tuo* ⊥ (nachgezogen), *ca* ⊥ (gerieben), *qifu* 起伏 (in Wellenbewegung), *duncuo* 頓挫 (in synkopiertem Rhythmus) u.a. Auch die

Typen der Striche, die sich aus den Pinselzügen ergeben, sind von außerordentlicher Vielfalt, wie die auf der gegenüberliegenden Seite aufgelisteten Termini zeigen. Vergessen wir nicht, daß ein Strich keine bloße Linie ist. Mit seinem Ansatz und Schub, seiner Fülle und seinen Auslassungen verkörpert er zugleich Form und Volumen, Schattierung und Rhythmus. Als lebendige Einheit muß jeder einzelne Strich *gufa* 骨法 (Knochenbau), *jinrou* 筋肉 (Muskeln und Fleisch), *huoli* 活力 (Lebenskraft) und *shenqing* 神情 (Ausdruck) besitzen.

goule 勾勒	Strich, der die Konturen eines Gegenstandes umreißt
baimiao 白描	Strich, der Figuren in durchgehenden und einheitlichen Linien zeichnet, gerade, verstärkt mit Winkeln
mogu 沒骨	„pointillistischer" oder „getupfter" Strich, der vor allem zur Zeichnung von Blumen verwendet wird
gongbi 工筆	regelmäßige und beflissene Zeichnung im akademischen Stil
ganbi 乾筆	Strich, gezogen von einem mit wenig Tusche getränkten Pinsel
feibai 飛白	schnell mit einem dicken Pinsel mit gespreizten Haaren gezogener Strich, zerrissen von weiß in seiner Mitte
cun 皴	Texturstriche in vielfältigen Gestalten (es ließen sich mehr als dreißig aufzählen); die zwei wichtigsten sind *pima* 披麻 (abgewickelte Hanffaser) und *fu* 斧 (im Stil der Streitaxt)

diantai 點苔 — hinzugefügte Punkte, die einen Strich oder eine Figur (Felsen, Baum, Berg, usw.) lebendiger machen. Die Punkte selbst müssen lebendig und verschieden sein: „Jeder Punkt ist ein Keim des Lebens und verspricht künftige Metamorphosen."

EBENE 2: DUNKEL (YIN) – HELL (YANG)

Diese Ebene bezieht sich auf die dehnbare Verarbeitung der Tusche zur Kennzeichnung von Schattierungen und dadurch von Entfernung und Tiefe. Die Tradition unterscheidet entweder fünf Nuancen der Tusche: *jiao* 焦 (verbranntes Schwarz), *nong* 濃 (konzentriert), *zhong* 重 (dunkel), *dan* 淡 (verdünnt) und *qing* 清 (klar); oder sechs Nuancen in drei kontrastiven Paaren: *ganshi* 乾濕 (trocken-feucht), *dannong* 淡濃 (verdünnt-konzentriert) und *baihei* 白黑 (weiß-schwarz). Erinnern wir daran, daß in der chinesischen Malerei neben der Tusche auch Farben auf Mineral- oder Pflanzenbasis verwendet werden, um die Wirkung der Tusche zu verstärken; ein eigenes Genre, das sich prächtiger Farben bedient, trägt den Namen *jinbi* 積墨 (Gold und Jade)

ran 染	abgestuftes Auftragen der Tusche
xuan 渲	Tuschezeichnung
weng 滃	tief durchtränkt
pomo 破墨	„zerschlagene Tusche"
pomo 潑墨	„verspritzte Tusche"
jimo 積墨	„überlagerte Tusche"

EBENE 3: BERG-WASSER

Diese Ebene betrifft die Struktur der wesentlichen Elemente der zu malenden Landschaft, wobei Berg und Wasser die zwei Pole jeder Landschaft darstellen. Genau wie der einfache Strich muß auch das gegliederte Ensemble eines Gemäldes als ein lebendiger Körper vorgestellt werden. Aus diesem Grund sprechen wir bei einer gegebenen Landschaft von Knochenbau (den Felsen), Arterien (Wasserläufen), Muskeln (Bäumen), Atmung (Wolken), usw.

zhuke 主客	„Hausherr und Gast", die Beziehung von Distanz und Verehrung zwischen dem wichtigsten und den geringeren Bergen
qishi 氣勢	Energie, Anschub, Kraftlinien
longmai 龍脈	„Drachenarterien", ein Begriff aus der Geomantie, der sich auf die geheime Gesamtkonfiguration eines Terrains bezieht
kaihe 開合	„Öffnen und Schließen", die kontrastive Gestaltung des Raums
qifu 起伏	„Aufstieg und Abstieg", die rhythmische Abfolge der Landschaft
yanyun 虛實	„Rauch und Wolken", ein unverzichtbarer Bestandteil jeder Landschaft. Die Rolle der Wolke ist nicht bloß ornamental. Eindrucksvoll hat dies Han Zhuo 韓拙 in der Song-Zeit in seinen Shanshuichun *quanji* 山水純全集 unterstrichen: „Die Wolke ist die Synthese aus Bergen und Gewässern." Aus Wasserdampf gebildet und in der Form von Gebirgen vermitteln Wolken und Nebelschleier in einem Gemälde

	den Eindruck, die beiden Wesenheiten von Berg und Wasser in den dynamischen Prozeß des wechselseitigen Ineinanderübergehens einzubeziehen.
xushi 虛實	leer und voll
yinxian 陰顯	unsichtbar und sichtbar

EBENE 4: MENSCH-HIMMEL

Diese Ebene bezieht sich auf die Dreierbeziehung zwischen Mensch, Erde und Himmel, die das Gemälde in seiner Gesamtheit beherrscht: das in der Landschaft Enthaltene und das, was über sie hinausgeht, das Sichtbare und das, was uns unendlich viel zu sehen gibt.

liwai 裡外	innen und außen, Inneres und Äußeres
xiangbei 向背	Vorder- und Rückseite, vorne und hinten
jinyuan 近遠	nah und fern, endlich und unendlich
sanyuan 三遠	drei Typen der Perspektive, die die Beziehung des Menschen zum Universum verorten: *gaoyuan* 高遠, „die erhöhte Distanz“ (der Betrachter befindet sich am Fuß der Berge und hebt seinen Blick gegen die Gipfel und das, was jenseits von ihnen ist), *shenyuan* 神遠, „die tiefgründige Distanz“ (der Betrachter befindet sich auf einer Anhöhe und erfreut sich eines weiten, panoramischen Überblicks) und *pingyuan* 平遠, „die ebene Distanz“ (ausgehend von einem nahegelegenen Berg richtet der Betrachter seinen Blick

auf der gleichen Ebene in die Ferne, wo sich die Landschaft in die Unendlichkeit erstreckt).

EBENE 5: DIE FÜNFTE DIMENSION

Auf dieser Ebene ist die Leerheit angesiedelt, die Raum und Zeit übersteigt; der höchste Zustand, zu dem jedes von der Wahrheit inspirierte Gemälde tendiert. Für diese ultimative Ebene lassen sich kaum angemessene Attribute finden. Zwei Ausdrücke seien dennoch zitiert, die chinesische Künstler verwenden, um den Wert eines Kunstwerks zu beurteilen und die letzte Absicht der Kunst – und jenseits davon alle Begriffe des Schönen – zu charakterisieren: *yijing* 意境 (Dichte der Seele) und *shenyun* 神韻 (göttliche Resonanz).

Zweiter Teil

Die chinesische Malerei im Werk des Shitao

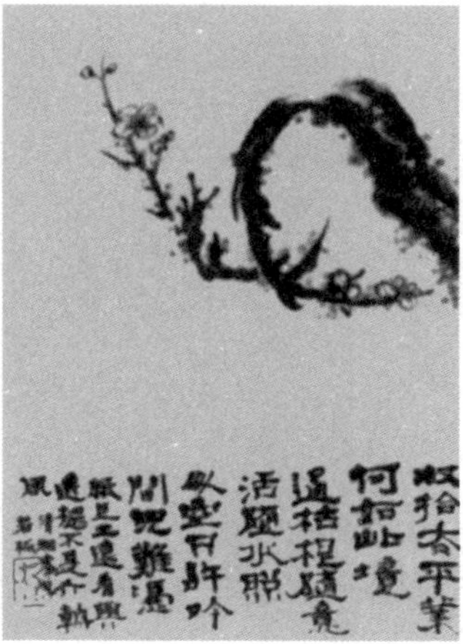

Kapitel 1

Shitao, ein berühmter Maler vom Beginn der Qing-Dynastie (17.–19. Jahrhundert), ist der Autor der nicht weniger berühmten *Bemerkungen über die Malerei*, die unter dem Titel *Propos sur la peinture* ins Französische übersetzt worden sind. Auch wenn es in China keine Seltenheit ist, daß bedeutende Maler ihre Überlegungen über diesen oder jenen Aspekt der Malerei schriftlich festhalten, überraschen die *Bemerkungen* doch durch ihren systematischen und synthetischen Charakter. Erhöht wird ihre Bedeutung noch dadurch, daß sie das Produkt einer Epoche tiefgreifender Umwälzungen sind, die darauf abzielen, die überkommene Ordnung einzureißen. Provoziert durch die Geschehnisse, fühlen sich die Künstler der Zeit dazu angeregt, die Tradition zu überdenken und nach neuen Wegen zu suchen, sich zu behaupten. Aufgrund seines einzigartigen Schicksals und seiner komplexen Persönlichkeit ist Shitao zweifellos derjenige unter ihnen, der über die Probleme von Kunst und Leben am intensivsten nachdenkt. Selbst als sein Leben ab einem gewissen Alter von Erfolgen geprägt ist, offenbart der Maler in zahlreichen Aufschriften auf seinen Gemälden, die sich übrigens als komplementäre Ergänzungen zu seinen *Bemerkungen* lesen lassen,[1] tatsächlich nicht weniger von seinen See-

1 Die Aufschriften und Gedichte wurden bereits sehr früh (im Jahr 1730) von Wang Yichen gesammelt und unter dem Titel *Dadizi tihua shi ba*

lenqualen, seiner Reue und seinen angsterfüllten Selbstbefragungen. Weitere Daten aus seinem Leben tragen dazu bei, den Eindruck einer Existenz zu verstärken, die ständig auf der Suche ist, oft im Widerspruch zu sich selbst: sein irrlichterndes Leben, seine unsichere gesellschaftliche Stellung, die Notwendigkeit, in regelmäßigen Abständen seinen Namen zu wechseln, usw. Obwohl keine direkte Beziehung zwischen seiner Biographie und unserem Thema besteht, sollte sie uns doch nicht gleichgültig lassen. Erinnern wir daher einige bedeutsame Tatsachen.

Shitao, dessen eigentlicher Name Zhu Ruoji war und der den Mönchsnamen Daoji annahm, war von kaiserlicher Abkunft: seine Familie stammte vom ältesten Bruder des Zhu Yuanzhang ab, dem Begründer der Ming-Dynastie. Obwohl er schon zu Lebzeiten berühmt war und zahlreiche Schriften hinterließ, in denen er über sein Leben berichtet, bleiben Ort und Zeitpunkt seiner Geburt Gegenstand kontroverser Auseinandersetzungen. Mehrheitlich wird angenommen, daß er 1641 in Wuzhou in der Provinz Guangxi im äußersten Süden Chinas geboren wurde.

Im Jahr 1644, als Shitao drei Jahre alt war, besetzten die Mandschuren Beijing (die Nördliche Hauptstadt) und begründeten eine neue Dynastie, die Qing. Die Loyalisten der Ming flohen nach Nanjing (die Südliche Hauptstadt); im folgenden Jahr fiel freilich auch diese Stadt. Shitaos Vater Zhu Xiangjia, der sich in Guilin, der Hauptstadt der Provinz Guangxi, aufhielt, erklärte sich selbst zum Regenten. Unglücklicherweise wurde seine Autorität von den Ming-Loya-

veröffentlicht. Der Text der *Bemerkungen über die Malerei* wurde ebenfalls unter der Leitung von Wang Yichen im Jahr 1731 publiziert. Unter den modernen Sammlungen, in denen das schriftliche Werk des Shitao aufgenommen ist, sei vor allem auf das *Meishu congshu* verwiesen.

listen, die sich auf die Seite eines anderen Prätendenten schlugen, nicht anerkannt. Die Loyalisten nahmen Guilin in einem Sturmangriff ein und ermordeten Shitaos Vater. Der Junge verdankt sein Leben allein der Ergebenheit einiger Diener, die ihn mit sich fortnahmen.

Während die Mandschuren den letzten Widerstand der Ming zerschlugen, wuchs Shitao in Anonymität auf. Um ihn vor eventuellen Repressalien zu schützen, vertraute man ihn einem Kloster an, wo er zum Mönch gemacht wurde. Für einige Jahre folgte er den Lehren des Lüan Benyue, einem Meister des Chan-Buddhismus. Sehr bald zeigte sich indessen Shitaos malerische Begabung. Er begab sich auf Reisen und unternahm Pilgerfahrten zu mehreren berühmten Bergen, darunter den Berg Lu in Jiangxi und den Huangshan in Anhui, von denen er zahlreiche Skizzen anfertigte. Von 1666 bis 1679 ließ er sich mehr oder weniger durchgehend in Xuancheng in der Provinz Anhui nieder.

Von 1680 an lebte er neun Jahre lang in Nanjing und besuchte regelmäßig Yangzhou, ein Handelszentrum mit einer blühenden Kunstlandschaft. Seine Stellung als ein bereits bekannter Maler verpflichtete ihn, zweimal an Zeremonien zu Ehren des Kangxi-Kaisers teilzunehmen, als dieser auf seinen Inspektionsreisen durch den Süden Chinas kam.

Aufgrund seiner Beziehungen zu einigen hohen Würdenträgern des neuen Regimes, die gleichzeitig Liebhaber der Malerei waren, siedelte Shitao nach Beijing über, wo er sich bis 1692 aufhielt. Im Jahr 1693 kehrte er in den Süden nach Yangzhou zurück, wo er sich endgültig niederließ. Im Vollbesitz seiner Kunst und allseits gefragt, erfreute er sich eines beträchtlichen Ansehens. Durch seine starke Persönlichkeit und seinen Stil, der sich aus einer Mischung von Raffinement und Extravaganz auszeichnete, übte er entscheidenden Einfluß auf seine Nachfolger aus, die „Acht Exzentriker aus Yangzhou“.[2] Er hinterließ ein relativ umfängliches Werk,[3] das nachfolgenden Generationen, obwohl es darum bemüht war, an die große Tradition der Song und Yuan anzuknüpfen, neue Wege der Suche eröffnete.

2 Dieser Titel wurde einer Gruppe von Malern des achtzehnten Jahrhunderts gegeben, die in Yangzhou lebten und sich durch ihren rebellischen Geist gegenüber allen Konventionen und ihren übertriebenen Individualismus auszeichneten. Es handelt sich um Zheng Xie, Jin Nong, Luo Bin, Li Fangying, Wang Shishen, Gao Xiang, Huang Shen und Li Shan.

3 Die exakte Anzahl der bis heute weltweit erhaltenen Gemälde Shitaos läßt sich nur schwer bestimmen, unter anderem wegen der beträchtlichen Anzahl von Fälschungen. In seinem malerischen Werk, das aus Albumblättern und großformatigeren Gemälden besteht, lassen sich drei Perioden unterscheiden: die Epochen von Xuancheng, Nanjing und Yangzhou. Zu diesem Thema vergleiche die sehr nützliche Chronologie des Shitao, die von Fu Baoshi zusammengetragen wurde, sowie den Katalog einer Shitao-Ausstellung, die im Jahr 1967 vom Museum of Art der Universität Michigan ausgerichtet wurde.

Kapitel 2

Die Elemente von Shitaos Biographie, die wir gerade rekapituliert haben, legen ein Dasein voll von Ambiguitäten und Widersprüchen nahe. Den Widerspruch zwischen dem Abkömmling der königlichen Familie, der wie durch ein Wunder den Massakern im Zuge des Dynastiewechsels entrinnt, und später dazu gezwungen ist, den Herren des neuen Regimes den Hof zu machen. Den Widerspruch zwischen einem ganz und gar der inneren Einkehr hingegebenen Bettelmönch, der sich doch zutiefst zur Welt hingezogen fühlt. Und schließlich den Widerspruch zwischen dem Maler, der stets darum bemüht ist, sich auf die Alten zu beziehen, und doch gleichzeitig eine Art übertriebenen Individualismus propagiert.

Shitao akzeptierte diese vielfältigen Widersprüche mehr oder weniger bereitwillig, allerdings nicht ohne daß sie in ihm Gefühle von Zerrissenheit und Gewissensbissen hervorgerufen hätten, wie viele der Gedichte belegen, die seinen Gemälden eingeschrieben sind. In einem Vorwort zu Gedichten, die er im Jahr 1701, als er sechzig Jahre alt wurde, verfaßt hat, bemerkt er: „Krank am Vorabend des Neuen Jahres. Ein trauriger Gedanke wühlt mich bis ins Innerste auf. Wie könnten Worte all mein Bedauern ausdrücken? Vater und Mutter haben meinen Leib vor sechzig Jahren gezeugt. Doch wer bin ich? Ein Mann? Eine Frau? Ich stoße einen Schrei aus, so wie ich es auch bei meiner Geburt tat. Sie (meine Eltern) freuten sich, daß es mich gab; ich aber, der weder Gras noch Pflanze war, kannte kein Wort, mit dem ich ihnen antworten konnte. Werden mein schlagendes Herz und mein zirkulierendes Blut heute dazu in der Lage sein, die Verantwortung für die Gewissensbisse und die Scham eines ganzen Lebens zu übernehmen? Oh, welch Schrecken, welcher Kummer! Mit diesem traurigen Gedanken kann ich mich allein noch an den Himmel wenden…"

Das Drama von Shitaos Leben bestand in gewissem Sinne in einem dreifachen Verlust des Vaters: dem Verlust seines leiblichen Vaters, dem Verlust der Dynastie, der er verbunden war, und schließlich dem Verlust seines geistigen Vaters, von dem er sich „lossagen" mußte, als er ungefähr in seiner Lebensmitte den Mönchsstand verließ. Daher sein unstillbares Bedürfnis, eine Identität für sich zu finden, das bis zu seinem Lebensende anhielt. Bedeutsam in diesem Zusammenhang ist die Vielzahl der Namen und Pseudonyme, die er sich im Lauf der Zeit gegeben hat; insgesamt sind es mehr als dreißig! Manche Namen bringen seinen Zustand in einer bestimmten Periode zum Ausdruck, andere das tiefe Verlangen, von dem er beseelt war. Ohne alle anführen zu können, wollen wir doch eine Stichprobe geben: der Überlebende der alten Dynastie, der Greis von Qingxiang, der Jünger der Großen Reinheit, der Mönch Bitterer Kürbis, der Ehrwürdige Blinde u.a. Sein offizieller Name, den auch wir verwenden, Shitao, ist ebenfalls sehr aufschlußreich in Hinsicht auf den Seelenzustand des Künstlers. Wörtlich übersetzt bedeutet er „Welle aus Stein" und scheint damit die Shitao eigene Nostalgie für eine Welt aus im Werden begriffenen Elementen zu bezeichnen, die sich aufteilen lassen in solche in festem und solche in flüssigem Zustand. Darüber hinaus verkörpert der Name Shitao in hervorragender Weise die dynamische Vorstellung der Verwandlung, die der chinesischen Malerei zugrundeliegt.

Shitao suchte in der Malerei einen Weg zur Erfüllung. Jenseits der Konflikte, die auch die Malerei heraufbeschworen hat – weltliche Verpflichtungen, die Revolte gegen die Alten –, wandte er sich nichtsdestotrotz der Malerei zu, um die Einheit zu erreichen. Die Einheit des Menschen und die Einheit der Welt sind in der Spur des Zeichens selbst ein und dasselbe. Getrieben von seinem persönlichen Drama und dank seiner zugleich buddhistischen, taoistischen und konfuzianischen Ausbildung trug Shitao sein Fragen zu ungeahnten Höhen. Sein Leben als Künstler war eine beständige Suche, nicht nur im Hinblick auf technische Probleme, sondern auch in Hinsicht auf das Geheimnis des künstlerischen Schaffens und des menschlichen Schicksals. Das Resultat ist sein bedeutendes synthetisches Werk, die *Bemerkungen über die Malerei*.

Kapitel 3

Weit davon entfernt, sich auf unwesentliche oder verstreute Bemerkungen zu beschränken, bildet der Text des Shitao ein zusammenhängendes System, in dem philosophische und ästhetische Gedanken, die beide Frucht einer langen praktischen Erfahrung sind, einander durchdringen. Diese Erfahrung hat sich bekanntermaßen in einem bedeutenden malerischen Werk konkretisiert, das unter dem Anschein beträchtlicher Vielfalt durch seine innere Einheit besticht, die den Eindruck eines durch und durch originellen Stils weiter verstärkt. So haben wir es mit zwei gleichermaßen strukturierten Ensembles zu tun: auf der einen Seite mit einer bewußt formulierten Theorie und auf der anderen mit einer bis auf die Spitze getriebenen Praxis. Wir bemerken hier ein Paradoxon: beide Ensembles bilden derart zusammenhängende und in sich geschlossene Blöcke, das Kommentatoren sich traditionell dem einen oder anderen gewidmet haben, ohne auch nur zu versuchen, die beiden ernsthaft zu vergleichen.

Wenn wir Shitaos Entwicklung verfolgen, scheint sich trotzdem eine verborgene Grundintention ausmachen zu lassen: Praxis und Theorie sind dazu da, einander zu erweitern und sich wechselseitig zu überwinden. Sie sollten nicht als zwei parallele Wesenheiten betrachtet werden, deren jede in eine starre Harmonie eingeschlossen ist. Vielmehr regen sie einander unablässig an, bilden die beiden dynamischen Pole eines Universums, das seine Einheit nirgendwo anders findet als in der prekären Einheit des Wesens des Malers selbst. Für einen Zeichentheoretiker ist es daher zweifellos aller Mühen wert, den Versuch zu unternehmen, eine Bresche in das im Werden begriffene Universum des Shitao zu schlagen.

Auch wenn es beim gegenwärtigen Stand unserer Kenntnisse beinahe unmöglich ist, den Prozeß präzise zu begreien, durch den der Maler, vermittelt über seine schöpferische Erfahrung, zu seiner Theorie gelangt ist,[4] sei es uns gestattet, eine Auswahl seiner Gemälde zu zeigen, die einige sener Aussagen bestätigen, und im Gegenzug den Maler im Angesicht seiner Werke zu Wort kommen zu lassen. Dabei werden wir uns bemühen, die inneren und strukturellen Beziehungen zwischen verschiedenen Begriffen herauszuarbeiten, auf die seine Theorie gegründet ist. Tatsächlich sind die Bemerkungen in einem gegebenen kulturellen Zusammenhang entstanden; ihr expliziter Inhalt bezieht sich auf ein ganzes Ensemble impliziter Annahmen. Ohne Kenntnis des unausgesprochenen Anteils kann der Leser wohl die Einsichten dieser oder jener Passage würdigen, aber nicht die innere Logik erfassen, durch die sie miteinander verbunden sind. Ohne eine Systematisierung zu versuchen, werden wir uns nach einer einführenden Lektüre des Textes darum bemühen, das Denken des Malers in seinem intimen Fortgang zu verfolgen.

Genau wie in der chinesischen Malerei, wo die endlichen Figuren eines Gemäldes durch das Spiel von Fülle und Lee-

4 Wir wissen lediglich, daß die *Bemerkungen* relativ spät, um 1700, entstanden sind, als Shitao auf sein sechzigstes Lebenjahr zuging.

re ihre Endlichkeit überwinden, indem sie sich zur Unendlichkeit öffnen, und wo eine zirkuläre Bewegung, sobald sie ihren Abschluß findet, unmittelbar eine weitere nach sich zieht, können unsere Bemerkungen diejenigen des Shitao nur in einer spiralförmigen Bewegung nachvollziehen. Vielleicht können wir so absichtlich, angelegentlich oder auch nur versehentlich, zu dem Ort vordringen, an dem der Maler uns, bewußt oder unbewußt, Einlaß gewähren wollte.

KAPITEL 4

Eine Bresche zu schlagen, das ist es, was wir uns vorgenommen haben. Versuchen wir, gleichsam wie Einbrecher, in das malerische Universum des Shitao einzudringen. Ohne uns um Unterscheidungen dessen zu kümmern, was traditionell als „schön“ oder „repräsentativ“ anerkannt wird, ohne auch zuallererst die chronologische Ordnung der Werke zu verfolgen, wollen wir einige Gemälde betrachten, die besonders „aussagekräftig“ erscheinen.

Insbesondere auf den Tafeln V bis X bemerken wir Formen von Bergen und Gewässern, die hervorbrechen wie Projektionen einer Welt von Phantasmen mit sexuellen Konnotationen. Figuren wie von Brüsten, Geschlechtern, und anderen Körperteilen. Hervorspringend oder zurückhaltend, schroff oder zart, starr oder rhythmisch, verkörpern sie die vielfältigen Erscheinungen der Natur und gleichzeitig die geheimen Triebe des Menschen.[5]

Einen wesentlichen Punkt sollten wir in diesem Zusammenhang unterstreichen. Wir haben es hier nicht mit einer auf eine Art Naturalismus gegründeten Malerei zu tun und noch weniger mit einem Anthropomorphismus, der darin

5 Der schroffe und eigenartige Eindruck gewisser Gemälde des Shitao rückt ihn in die Nähe seines Freundes Badashanren, einem weiteren extravaganten Maler, der unter den Dynastien der Ming und Qing lebte. Siehe das Gemälde Badashanrens auf Tafel XXVII.

liegt, daß der Mensch sich gewisse Elemente in der Natur als lebendige Formen mit menschlichem Charakter vorstellt. Die Begegnung von Mensch und Universum ist nicht auf der oberflächlichen Ebene äußerlicher Ähnlichkeiten angesiedelt, sondern auf einer tiefgründigeren Ebene, wo, der chinesischen Kosmologie zufolge, der Lebensatem das Wesen des Universums und des Menschen gleichermaßen beseelt. Mehr als alle endlichen und erstarrten Figuren ist es der Atem, von dem sämtliche Dinge, die die Malerei erfassen kann, beseelt sind. Um dies zu erreichen, greift der Maler auf ein wesentliches Element der chinesischen Malerei zurück: den Pinselstrich, der durch sein Wechselspiel von voll und leer, konzentriert und verdünnt, gleichzeitig Linie und Volumen, Rhythmus und Berührung sowie konkrete und erträumte Figuren zu verkörpern vermag. In Wirklichkeit treten die gefühlvollen oder sinnlichen Figuren, die wir in Shitaos Gemälden antreffen, zuerst in den Pinselstrichen in Erscheinung. Volle oder unterbrochene Striche, schroffe oder zarte, trockene oder verspritzte Tusche, kontrollierte oder entfesselte Striche sind die „Bindeglieder" zwischen dem menschlichen Verlangen und den Bewegungen des Universums.

Die verschränkte Beziehung zwischen Natur und Mensch sowie Atem und Strich läßt sich in folgender Figur darstellen:

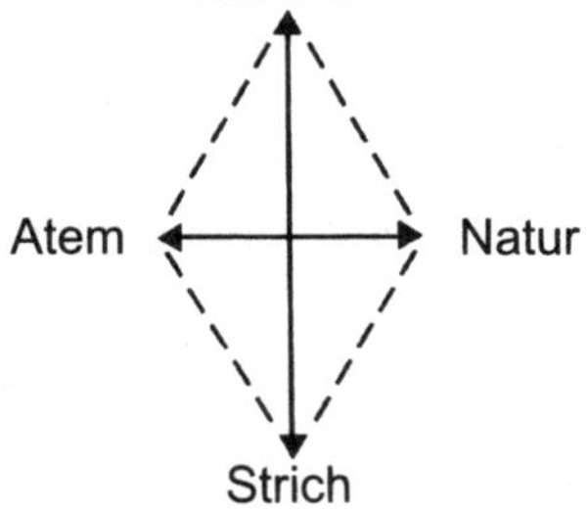

Durch diese erzwungenermaßen schematische Darstellung wollen wir vor allem die Bedeutung des Strichs hervorheben, der in Kombination mit dem Atem auf eine Philosophie des Lebens und eine spezifische Konzeption des Zeichens verweist.

Kapitel 5

Die Idee des Atems steht im Mittelpunkt der chinesischen Kosmologie. Dieser Auffassung zufolge ist es nach dem originären Chaos, das Himmel und Erde voraufgeht, der uranfängliche Hauch, der die urspüngliche Einheit auflöst, die als Eins bezeichnet wird und die Zwei enthält, welche für Yin und Yang steht, die beiden Aspekte des Lebensatems. Aus dem gemeinsamen und abwechselnden Wirken von Yin und Yang werden die zehntausend Dinge geboren. Anstatt als einfache Substanz wird jedes Lebewesen vor allem als eine Verdichtung verschiedener Typen des Lebensatems aufgefaßt, die die vitalen Funktionen aller Dinge regeln.

In vollkommener Analogie übersetzt Shitao die kosmologischen Begriffe, auf die wir gerade angespielt haben, auf die Ebene der Malerei. Im Kapitel X seiner *Bemerkungen* bedient er sich des Terminus *hundun*, „Chaos", um den virtuellen Zustand zu bezeichnen, der dem Akt des Malens vorausgeht. Andernorts, insbesondere im Kapitel VII, bringt er die Idee des originären Chaos mit der des *yinyun* in Verbindung, das ebenfalls den undeutlichen Zustand beschreibt, in dem Yin und Yang virtuell gegenwärtig sind. Genau in diesem Zusammenhang mit *hundun*, dem „Chaos", und *yinyun*, dem „Undeutlichen", siedelt Shitao seine Konzeption des Einen Pinselstrichs an. Der Eine Pinselstrich, der der Eins enspricht, bezieht seine anfängliche Einheit aus dem *yinyun*.

Daraus folgt die Idee, daß der Akt, den ersten Strich auszuführen, mit dem Strich identisch ist, der Himmel und Erde trennt; und daß der Mensch durch diesen Akt, mit dem er die Essenz des Universums in sich aufnimmt, zum Menschen wird. Als Ergebnis des Strichs ist die Einheit von Pinsel und Tusche in Analogie zur Einheit von Yin und Yang zu verstehen. Genauso wie das Zusammenwirken von Yin und Yang alle Wesen einschließt und alle Verwandlungen verheißt, deutet der Eine Pinselstrich über das Zusammenspiel von „Pinsel und Tusche" alle anderen Striche an, die, begriffen als Verwandlungen des ersten Strichs, nach und nach alle Figuren der Wirklichkeit Gestalt annehmen lassen.

> *Yinyun* (Kapitel VII): Die Einheit von Pinsel und Tusche ist die von *yin* und *yun*. Die undeutliche Fusion des *yinyun* schafft das originäre Chaos. Und wie, wenn nicht durch den Einen Pinselstrich, könnte man das originäre Chaos urbar machen? ... Die Einheit von Pinsel und Tusche zu verwirklichen, heißt die Unterscheidung von *yin* und *yun* aufzuheben und die Urbarmachung des Chaos in Angriff zu nehmen. ... Inmitten des Meeres von Tusche lege Deinen Geist entschieden fest; an der Spitze des Pinsels laß das Leben sich behaupten und zum Vorschein kommen; auf der Oberfläche des Bildes bewirke Metamorphosen, auf daß sich im Herzen des Chaos Licht einniste und von dort herausquelle! ... Ausgehend vom Einen, teilt sich das Viele; ausgehend vom Vielen, wird das Eine erobert. Die Metamorphose des Einen erzeugt *yin* und *yun* – und damit finden sich alle Möglichkeiten der Welt verwirklicht.

Die Malerei stellt sich dieser Auffassung zufolge nicht als eine schlichte Beschreibung des Spektakels der Schöpfung dar. Sie ist für sich selbst Schöpfung, ein Mikrokosmos, dessen Wesen und Funktionsweise identisch mit denen des Makrokosmos sind. In Übereinstimmung mit dem berühmten Ausspruch des Zhang Zao, eines Autors aus der Tang-Zeit: „Im Äußeren nehme ich mir die Schöpfung zum Vorbild; im Innern erfasse ich die Quelle meiner Seele“, konnte Shitao schreiben:

> *Pinsel und Tusche* (Kapitel V): Indem sie ihn benetzt, verleiht die Tusche dem Pinsel eine Seele; indem der Pinsel die Tusche verwendet, versieht er sie mit Geist. ... Der Mensch besitzt die Macht der Gestaltung und des Lebens. Wie sollte er sonst in der Lage sein, aus Pinsel und Tusche eine Wirklichkeit erstehen zu lassen, die Fleisch und Knochen besitzt?

Nach dem gerade Gesagten und nach dem Vorbild der Figur im letzten Kapitel, könnte man Shitaos Auffassung durch folgendes Diagramm veranschaulichen:

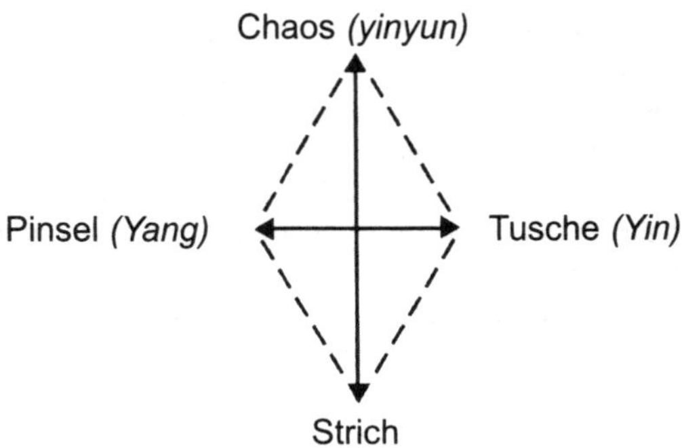

In mehreren Wiederaufnahmen ist Shitao auf das Problem des originären Chaos zurückgekommen, das er mit „Wolken aus Stein“ (der Ausdruck ist, wie wir uns erinnern, die Übersetzung seines Namens) suggeriert, wie etwa den Gemälden auf den Tafeln III und IV. Inmitten dieser Felsen, die in einer dynamischen Wirbelbewegung festgehalten sind, einer Bewegung, die durch eckige oder gewundene Striche verkörpert wird, bleibt die menschliche Gegenwart spürbar, dargestellt durch Unterkünfte oder Eremiten. Letztere sind mit geraden Strichen gezeichnet, die vor allem anderen die Ordnung und Einheit bedeuten, die dem menschlichen Geist eigen ist. Bemerken wir indessen, daß diese Ordnung und Einheit vom Chaos nicht völlig getrennt ist oder in Opposition zu ihm steht. Als Adept von Taoismus oder Chan-Buddhismus verleiht Shitao in Gemälde III der Freude über das Nicht-Getrenntsein Ausdruck, die der Mensch im „Schoß“ des Chaos empfindet; in Gemälde IV ist es das menschliche Bewußtsein als „erleuchtetes Auge“ der Natur; und in dem Gemälde auf Tafel XIV die unbezwingbare Nostalgie nach der Rückkehr zum Ursprung. (Man kann diese Gemälde mit dem Gemälde XX des Guo Xi vergleichen.)

Kapitel 6

Der Pinselstrich, wir haben es schon in Kapitel 4 betont, ist mehr als eine einfache Linie oder ein schlichter Umriß der Dinge. Geboren aus der Kunst der Kalligraphie, enthält er vielfältige Implikationen. Mit seiner Fülle und seinen Auslassungen sowie durch die Leere, die er umreißt, stellt er Form und Volumen dar; durch „Ansatz" und „Anschub" drückt er Rhythmus und Bewegung aus; durch das Spiel der Tusche suggeriert er Schatten und Licht; und dank der Tatsache, daß das Gemälde augenblicklich und ohne Retuschen angefertigt wird, führt er den Lebensatem ein. Was der Strich einzufangen sucht, ist weniger eine äußerliche Ähnlichkeit als das *li*, „die innere Linie", der Dinge. Darüber hinaus nimmt er sich der unbezwinglichen menschlichen Triebe an. Indem der Strich den Konflikt zwischen Zeichnung und Farbe, zwischen der Darstellung des Volumens und der Bewegung überwindet, verkörpert er mit der ihm eigenen Schlichtheit Vielheit und Einheit zugleich und damit das Gesetz der Verwandlung. Wenn die chinesische Malerei seit dem vierten Jahrhundert zu einer Kunst des Strichs geworden ist, so deshalb, weil sie sich damit in einem tiefen Einverständnis mit der chinesischen Sicht des Universums befindet. In der Gewißheit, daß die Strömung des Tao in der Natur Hügel, Felsen, Bäume und Flüße durchzieht und daß sich „Drachenarterien" durch die Landschaft winden, bemüht sich der Maler, wenn er die Formen der Wirklichkeit zeichnet, die unsichtbaren, rhythmischen Linien nachzuempfinden, die sie verbinden und beleben. Damit läßt er den Impulsen freien Lauf, die sein eigenes Wesen beseelen.

Auch wenn die Idee des Einen Pinselstrichs verschiedentlich von anderen Theoretikern der chinesischen Kunst aufgenommen wurde, ist sie doch nie mit solchem Nachdruck vertreten worden wie von Shitao:

> *Der Eine Pinselstrich* (Kapitel I): Der Eine Pinselstrich ist der Ursprung aller Dinge, die Wurzel aller Erscheinungen. Seine Funktion ist offenbar für den Geist und verborgen im Menschen, doch der gemeine Mann wird ihrer nicht gewahr... Die Malerei geht vom Verstand aus: ganz gleich, ob es um die Schönheit von Bergen, Flüßen, Personen und Dingen geht, um das Wesen und den Charakter von Vögeln, wilden Tieren, Gräsern und Bäumen, oder um die Maße und Proportionen von Fischteichen, Pavillons, Gebäuden und Uferwegen, nie wird jemand ihre Ursachen ergründen und ihre verschiedenen Erscheinungsweisen ausschöpfen können, der zuletzt nicht jenes unermeßliche Maß des Einen Pinselstrichs besitzt. Soweit Ihr auch geht, so hoch Ihr auch steigt, müßt Ihr doch Euren Weg mit einem einfachen Schritt beginnen. Folglich umfaßt der Eine Pinselstrich alles, bis in die unzugänglichste Ferne; selbst unter zehntausend Millionen Pinselschwüngen gibt es nicht einen, dessen Beginn und Vollendung nicht diesem Einen Pinselstrich innewohnte, der von niemand anderem kontrolliert wird als dem Menschen. Mit dem Mittel des Einen Pinselstrichs kann der Mensch eine viel größere Wesenheit ohne jeden Verlust in verkleinertem Maßstab nachempfinden: in dem Moment, in dem sich der Geist eine klare Vorstellung bildet, dringt der Pinsel bis zu den Wurzeln der Dinge vor... (Beim Ziehen des Strichs gilt:) Wenn man ihn

nicht mit lockerem Handgelenk malt, sind Fehler in der Ausführung die Folge, und diese Fehler führen ihrerseits dazu, daß das Handgelenk seine inspirierte Gewandheit einbüßt. Die Kurven des Pinsels müssen einer Bewegung abgejagt sein, und die Fettigkeit muß aus zirkulären Bewegungen geboren werden, während man dem Raum eine Spanne offen hält. Der Absatz der Pinselzüge muß entschieden sein, der Ansatz bissig. Runde und eckige, gerade und gebogene, aufsteigende und absteigende Formen müssen mit dem gleichen Geschick ausgeführt werden. Der Pinsel geht nach links und nach rechts, in die Höhe und in die Tiefe, er bewegt sich brüsk und entschieden, mit abrupten Unterbrechungen, dehnt sich schiefwinklig aus; bald stürzt er wie Wasser in die Tiefe, bald schießt er wie eine Flamme in die Höhe, und all das natürlich und ohne den geringsten Zwang. Solange nur der Geist überall gegenwärtig ist, ... können die verschiedensten Erscheinungsformen ausgedrückt werden. Wer sich dem Ermessen der Hand, einer Geste, anvertraut, kann die formale Erscheinung sowie die innere Kraft von Bergen und Flüßen, Personen und unbelebten Objekten, Vögeln und Wildtieren, Gräsern und Bäumen, Fischteichen und Pavillons, Gebäuden und Uferwegen erfassen, kann sie nach der Natur malen oder ihre Bedeutung ausloten, ihren Charakter ausdrücken oder ihre Atmosphäre nachbilden, sie in ihrer Ganzheit zeigen oder elliptisch andeuten. Auch wenn der Mensch ihre Vollendung nicht zu erfassen vermag, genügt eine solche Malerei den Ansprüchen des Geistes. Denn es hat sich die höchste Schlichtheit aus ihr herausgelöst, und damit ist die Regel des Einen Pinselstrichs aufgestellt. Ist diese Regel einmal etabliert, hat sich die Unendlichkeit der Kreaturen gezeigt. Aus diesem Grund heißt es: Mein Weg ist der der Einheit, die das Allgemeine umfängt.

Die Landschaft (Kapitel VIII): Wenn man sich des Einen Pinselstrichs als Maß bedient, kann man an den Metamorphosen des Universums teilnehmen, die Formen von Bergen und Flüßen ausloten, die ferne Grenzenlosigkeit der Erde ermessen, die Anordnung der Baumkronen beurteilen und die dunklen Schatten von Wolken und Nebeln entschlüsseln. Ob man sich angesichts einer Fläche von tausend Meilen aufrecht hinsetzt oder einen schrägen Blick auf die Aneinanderreihung von tausend Bäumen wirft, immer muß man auf das grundlegende Maß von Himmel und Erde zurückkommen. Nur in Übereinstimmung mit dem Maß des Himmels kann die Seele der Landschaft variieren; und der organische Hauch der Landschaft kann nur in Übereinstimmung mit dem Maß der Erde seinen Ausdruck finden. Ich besitze den Einen Pinselstrich und deshalb kann ich die Form und den Geist der Landschaft erfassen.

Die Methode der Furchen (Kapitel IX):[6] Vermittels der Furchen deutet der Pinsel die lebendige Tiefe der Dinge an; weil aber die Formen der Berge tausend verschiedene Gestalten annehmen können, läßt der Ausdruck ihrer Tiefe sich nicht auf eine einzige Formel reduzieren. ... Was die Furchen einer gegebenen Landschaft in ihrer konkreten Ganzheit angeht, so muß man sich auf die unterschiedlichen Standorte der Berge beziehen, die jeweils ihre eigene Identität, ihre einzigartige Struktur und ihre natürliche Tiefe besitzen, und deren Formen nicht aufeinander reduzierbar sind; entsprechend diesen Differenzen werden die verschiedenen Typen der Furchen gebildet. So sprechen wir von Furchen als „eingerollte Wolke“, „Axthieb“, „verzettelter Fimmel“, „abgewickelte Hanffaser“, „Teufelsgesicht“, „Skelettschädel“, „verfilztes Bündel“, „Sesamkorn“, „Gold und Jade“, „Jadefragment“, „runde Höhlung“, „Alumstein“ oder „knochenlos“: all diese Namen beziehen sich auf verschiedene Typen von Furchen. Die verschiedenen Typen sollten unter Berücksichtigung der unterschiedlichen Struk-

6 Furchen = Texturstriche. Siehe Erster Teil, Kapitel 2.

turen und der natürlichen Tiefe der Berge gestaltet werden: es muß eine Anpassung zwischen Berg und Furchen stattfinden, weil die Furchen vom Berg ausgehen. Der Berg hat seine eigene Funktion, und die Aufgabe der Furchen liegt darin, dem Berg zu gestatten, seinen bildlichen Ausdruck zu finden. Um den Berg schaffen zu können, muß man ihn besitzen, aber man muß auch über die Furchen verfügen, um die Schöpfung plastisch ausdrücken zu können. Die Fähigkeit, einen Berg zu schaffen, ist auf das Ausdrucksmittel der Furchen angewiesen. ... Doch in dem Moment, in dem man Pinsel und Tusche zur Hand nimmt, sollte man nicht an vorgefaßten Kategorien von Bergen und Furchen festhalten: der erste Pinselschwung setzt auf dem Papier an, und alle weiteren folgen ihm von selbst. Von dem Augenblick an, in dem man das Eine Prinzip erfaßt hat, folgt die Vielfalt der besonderen Prinzipien wie von selbst. Man muß sich die Reichweite des Einen Pinselstrichs vor Augen führen: die Unendlichkeit der Prinzipien ist in ihm enthalten.

Wälder und Bäume (Kapitel XII): Wenn die Alten Bäume malten, stellten sie sie in Dreier-, Fünfer- oder Zehnergruppen dar, zerpflückten sie in allen ihren Erscheinungsformen, jeden entsprechend seinem eigenen Charakter, und vermischten ihre unregelmäßigen Silhouetten in einem hochgradig lebendigen Ensemble. Meine Methode, Pinien, Zedern, knorrige Akazien und zerzauste Wacholderbüsche zu malen, besteht darin, sie beispielsweise in Gruppen zu dreien oder fünfen anzuordnen und dabei ihre Haltungen zu kombinieren: manche recken sich mit heroischem und kriegerischem Schwung empor, manche neigen den Kopf, andere heben ihn, bald sind sie in sich zusammengesunken, bald gerade aufgerichtet, sich wiegend oder hin- und herbewegend. Gleich, ob fest oder weich, müssen Pinsel und Handgelenk derselben Methode folgen, mit der man Felsen malt. Und gleich, ob man den Pinsel mit vier, fünf oder drei Fingern hält, muß er immer den Beugungen des Handgelenks unterworfen werden, das seinerseits nach dem Ermessen des Unterarms vorstößt und sich zurückzieht; all dies koordiniert im Gleichklang von ein und derselben Kraft. An den Stellen, an denen die Bewegung des Pinsels am stärksten betont wird, muß man gleichsam mit abgehobener Hand über das Papier hinwegfliegen und jedwede Gewalt vermeiden; so wird alles, in den dichtesten wie in den flüssigsten Teilen, gleichermaßen immateriell und beseelt, leer und wunderbar.

Der Eine Pinselstrich ist, wie gesagt, zugleich eins und vieles. Die Tafeln XI, XII und XIII zeigen die sehr verschiedenartigen Erscheinungen der Striche, die Shitao verwendet. Im Gemälde XI springt der Kontrast zwischen der Strenge der Striche, mit denen die Stengel und Blätter des Bambus dargestellt sind, und der Anmut derjenigen, mit denen die länglichen Blätter der Orchidee gezeichnet sind, ins Auge. Die Felsen bestehen aus einer Abfolge von Texturstrichen (*cun*); durch ihre Entgegensetzung schaffen diese mit einer erstaunlichen Sparsamkeit Volumen und Tiefe. Unterstreichen sollten wir den Eindruck von „Sinnlichkeit“, den diese Striche und die von ihnen gebildeten Figuren vermitteln. Bald gewunden und fein, bald betont und dicht, erscheinen sie beinahe als „Liebkosungen“, mit denen der Künstler den Formen die Nuancen seiner Empfindungen aufdrückt. Diese Sinnlichkeit der Striche ist auch im Gemälde XII spürbar, wo die kalligraphischen Striche die gemalten verlängern, indem sie den geheimnisvollen Reiz des „femininen“ *yin* akzentuieren. Die Aufschrift zitiert übrigens einen Vers des Bo Juyi: „Die Schönheit ihres Antlitzes ist zur Hälfte von der Zither verdeckt, die sie im Arm trägt.“ Im bemalten Teil des Gemäldes stellt der Maler entsprechend eine von uneingestandenem Verlangen aufgeladene Szene nach, indem er Knospen malt, die „aufzeigen", und Blätter, die sich „verbergen". Das Gemälde XIII schließlich zeigt, wie der Maler seinen „zeichnerischen Gesten" freien Lauf läßt: in einem zugleich geordneten und stürmischen Aufsprühen verfangen sich entfesselte Striche mit äußerst feinen. Das Bild stellt blühende Pflaumenzweige dar. Der Pflaumenzweig, dem sich Shitao mit anhaltender Leidenschaft gewidmet hat, ist zu seinem Symbol, ja seinem Emblem geworden.[7] (In Bezug auf die Striche und die Darstellung von Objekten ist es interessant, Shitaos Gemälde mit denen der Meister aus der Song- und Yuan-Zeit zu vergleichen. Siehe Tafeln XXIV, XXV und XXVI.)

7 Siehe Kapitel 10.

Kapitel 7

Bei der Erörterung des Strichs haben wir bereits den Begriff Pinsel und Tusche verwendet, der für die chinesische Malerei grundlegend ist. Durch den aus dem Zusammenspiel von Pinsel und Tusche geborenen Strich drückt der Maler die vielfältigen Erscheinungen der Welt aus. Der Begriff Pin-sel und Tusche, der dem von Yin und Yang verwandt ist, zieht auf der konkreten Ebene den Begriff Berg und Wasser nach sich, der durch die Repräsentation der beiden Pole der Natur die Gesetze von Komplementarität und Verwandlung symbolisiert. Fügen wir hinzu, daß Pinsel und Tusche in Be-zug auf Berg und Wasser mehr als lediglich „Ausdrucks-mittel“ sind; der Begriff ist, wir haben es gesagt, integraler Bestandteil eines organischen Ganzen, in dem der menschliche Akt des Malens mit dem demiurgengleichen Wirken des im Werden begriffenen Universums verbunden ist. In der Folge anderer hat Shitao daher einen Zusammenhang zwischen Pinsel und Berg sowie Tusche und Wasser hergestellt, zu dessen Bezeichnung er die Ausdrücke „der Berg des Pinsels“ und „das Meer der Tusche“ verwendete. Genauso wie der anfängliche Strich, der aus dem yinyun hervorgeht, mit dem uranfänglichen Hauch identifiziert wird, der dem Chaos entspringt, werden Pinsel und Tusche hier einerseits mit Yin und Yang und andererseits mit Berg und Wasser, die als die materiellen und sichtbaren Manfestationen von Yin und Yang aufgefaßt werden, gleichgesetzt. Unter Berücksichtigung aller Begriffe, die wir bisher ins Spiel gebracht haben, können wir die organischen Verbind-

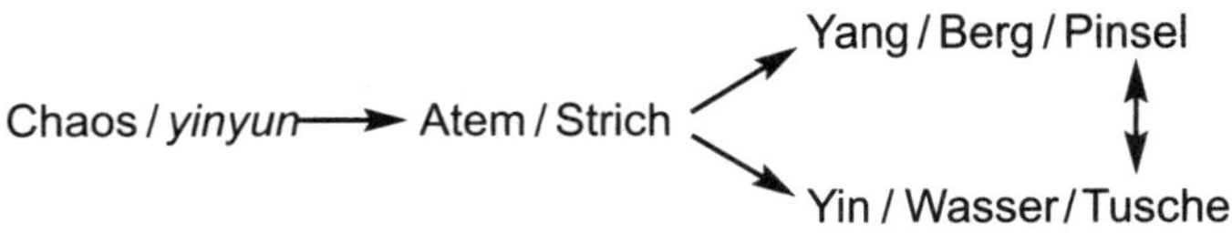

ungen, die zwischen Kosmologie und Malerei bestehen, in folgendem Diagramm darstellen:

Die Verwandlung (Kapitel III): Die Malerei drückt die große Regel der Metamorphosen der Welt aus, die wesentliche Schönheit der Berge und Flüße in ihrer Form und Kraft, die immerwährende Aktivität des Schöpfers sowie den Impuls des Atems von Yin und Yang. Vermittels der Übersetzung durch Pinsel und Tusche ergreift sie alle Dinge des Universums und singt jubilierend in mir.

Im Einklang mit der Kalligraphie (Kapitel XVI): Seit jeher haben die bedeutenden Maler folgendes genau verstanden: man muß das Meer der Tusche dazu bringen, daß es umarmt und trägt, und den Berg des Pinsels, daß er sich aufrichtet und beherrscht; danach muß man ihren Gebrauch so sehr erweitern, daß sie die acht Himmelsrichtungen, die unterschiedlichen Erscheinungen der Neun Provinzen der Welt, die Königlichkeit der Fünf Berge und die Grenzenlosigkeit der Vier Meere ausdrücken und sich soweit ausdehnen, bis sie das unendlich Große einschließen, und soweit verringern, bis sie das unendlich Kleine beherbergen.

Ozean und Wogen (Kapitel XIII): Das Meer hat eine gewaltige Brandung, der Berg besitzt eine latente Aufnahmefähigkeit. Das Meer verschlingt und verstößt, der Berg kniet nieder und neigt sich. Das Meer kann eine Seele spiegeln, der Berg einen Rhythmus befördern. Der Berg läßt uns durch die Überlagerung seiner Felsvorsprünge, die Abfolge seiner Felswände, seine verborgenen Täler und Abgründe, seine steilen, unvermittelt aufragenden Gipfel, durch Dunst, Nebel und Tau sowie durch seine Rauchschwaden und Wolken an das Meer mit seiner Brandung, seinem Verschlingen und dem Sprühen der Gischt denken. All das ist dennoch nicht die Seele, die das Meer selbst offenbart; es sind nur diejenigen Eigenschaften des Meeres, die sich die Berge aneignen. Das Meer kann seinerseits ebenfalls den Charakter der Berge annehmen: die Unermeßlichkeit des Meeres, seine Untiefen, sein wildes Gelächter, seine verwirrenden Trugbilder, seine springenden Wale und seine stolz aufgerichteten Drachen, seine Gezeiten, die in ihren aufeinanderfolgenden Wogen Felsvorsprüngen gleichen: dies sind die Dinge, durch die das Meer sich Eigenschaften der Berge aneignet, und nicht umgekehrt. Von dieser Art sind also die Eigenschaften, die Meer und Berge sich voneinander aneignen, und der Mensch hat Augen, um es zu sehen... Wer das Meer indessen nur auf Kosten des Berges erfaßt, und den Berg nur auf Kosten des Meeres, der besitzt in Wahrheit lediglich eine stumpfe Anschauung. Ich, freilich, nehme beide wirklich wahr! Der Berg ist das Meer und das Meer der Berg. Berg und Meer wissen um die Wahrheit meiner Wahrnehmung: alles liegt im Menschen, im freien Schwung des Einen Pinsels und der Einen Tusche!

Das Thema des inneren Kontrasts und des wechselseitigen Werdens, das Berg und Meer suggerieren, wird in beinahe allen Gemälden Shitaos veranschaulicht. Wir wollen uns darauf beschränken, die beiden Gemälde auf den Tafeln XVI und XVII zu betrachten. Im ersten besitzen die einzelnen Bestandteile der Komposition – Berg, Quelle, Felsen, Häuser, Bäume und Gräser – jeweils ihre eigene Form und Substanz. Im Bewußtsein, ein ganz besonderes Wesen zu sein, stimmt jedes in die Harmonie des Ensembles ein. Die Harmonie ist dynamisch. Denn die Leere, die nicht nur zwischen den Elementen, sondern auch im Inneren jedes einzelnen zirkuliert, erzeugt einen unsichtbaren Strom, der alles in einer belebenden Bewegung der Verwandlung mit sich reißt. Weit davon entfernt, die Komposition „aufzulösen", trägt diese zusammenfassende Leere zur Dichte des Gemäldes bei, von dem ein Eindruck herzergreifender Rastlosigkeit (auf Seiten des Menschen, der am Austreiben der Natur teilnimmt) ausgeht. Das Gemälde auf Tafel XVII ist von einer zentralen Leere beherrscht (dem Wasserfall). Letzterer bewirkt einen Aufprall, der eine zentrifugale Bewegung nach sich zieht. Einbezogen in diese Bewegung folgen die Berge und Felsen, aus denen das Gemälde zusammengesetzt ist, einer zirkulären Anordnung: Der Gipfel scheint in Kaskaden zu zerfließen, um anschließend in Wellen aus Stein aufzuspritzen.

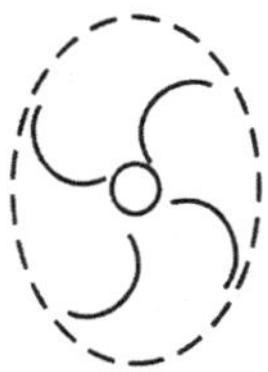

In dieser kraftvollen Rotation ist der betrachtende Mensch, so winzig er auch erscheint, das einzig stabile Element. Er, dessen Herzen die Leere innewohnt, wird hier zum Angelpunkt der universellen Wandlung. (Die Gemälde auf den Tafeln XXI, XXII und XXIII veranschaulichen, jedes auf seine Weise, die Dreierbeziehung Mensch-Wasser-Berg oder Mensch-Erde-Himmel, die von der Leere beherrscht wird. Siehe dazu auch das Gemälde des Juran auf Tafel XIX, ein herausragendes Beispiel für eine vertikale Komposition.)

Kapitel 8

Die Wechselwirkung zwischen Berg und Wasser wird in China mithin als Verkörperung der universellen Verwandlung verstanden. In diese Wechselwirkung sind indessen auch die Gesetze des menschlichen Lebens einbegriffen. Indem er an der universellen Verwandlung teilnimmt, findet der Mensch in Wahrheit den Weg zu seiner eigenen Erfüllung. In diesem Zusammenhang scheint es angezeigt, auf die „Entsprechungen“ hinzuweisen, die chinesische Philosophen zwischen der tiefsten Natur von Berg und Wasser und der menschlichen Empfindsamkeit hergestellt haben. Schon Konfuzius sagt: „Den Mann des Herzens bezaubern die Berge; der Mann des Geistes erfreut sich am Wasser.“ Aus dieser ursprünglichen Behauptung geht eine spezifische Auffassung von der Beziehung zwischen Mensch und Natur hervor. Die Natur wird nicht einfach als ein äußerer Rahmen oder ein Vergleichsgegenstand betrachtet; sie hält dem Menschen einen brüderlichen Spiegel vor, der ihm erlaubt, sich zu entdecken und zu überwinden. Es handelt sich folglich um keine oberflächliche (oder künstliche) Beziehung; es ist im Zeichen der „Tugend“ (denn der Mensch besitzt die Tugenden, mit denen Berg und Wasser ausgestattet sind), daß aufeinanderfolgende Generationen von Chinesen, vor allem im Bereich der Kunst, versucht haben, Entsprechungen zwischen Mensch und Natur zu etablieren. In diesem Kontext können wir von einer in China verallgemeinerten Art der sinnbildlichen Darstellung sprechen: die äußeren Gestalten werden zu Repräsentationen der inneren Welt. Um nur die Malerei anzuführen, ist die allmähliche Anverwandlung der Formen in der Natur während der bedeutenden Periode, in der die Zeichen geschaffen wurden (die wir zwischen dem fünften und zwölften Jahrhundert ansetzen), nicht darauf ausgerichtet, akademische Konventionen zu begründen; vielmehr beruft sie sich auf eine bestimmte Auffassung der Kosmologie und tendiert zu einem Ideal des menschlichen Geistes: möglichts nah an der Natur zu leben und sie durch den gezähmten Atem – denn genau das sind die Zeichen – zu verinnerlichen. Die Schöpfung des Universums ebenso wie die des Menschen erreicht ihren höchsten Zustand nur durch das, womit sie begonnen hat: den Strich. Wenn die Malerei in China als heilig angesehen wird, wenn sie nichts weniger anstrebt als eine Vergeistigung des Universums, so darum, weil sie auf eine wahrhaftige Religion des Zeichens gegründet ist.

Wir nehmen hier etwas wieder auf, das wir am Anfang der vorliegenden Studie (siehe Kapitel 4) gesagt haben: in China ist die Landschaftsmalerei weder eine naturalistische Kunst, in der der Mensch zurückgedrängt oder gar abwesend wäre, noch eine animistische Malerei, durch die der Mensch versuchen würde, die äußeren Formen einer Landschaft zu „vermenschlichen". Genauso wenig gibt sie sich damit zufrieden, eine schlichte Landschaftskunst zu sein, die einige schöne Orte festhält, auf daß sie der Mensch in seinen Mußestunden bewundern könne. Auch wenn er nicht „figürlich" dargestellt ist, ist der Mensch doch nie abwesend. In den Zügen einer Natur, die, vom Menschen erlebt oder erträumt, nichts anderes ist als die vollständig von innerer Anschauung beseelte Projektion seiner eigenen tiefsten Natur, ist der Mensch außerordentlich gegenwärtig. Der Glaube an die Existenz dieser Entsprechung bezieht seine Inspiration aus dem Taoismus: das Tal, zum Beispiel, birgt das Geheimnis eines weiblichen Körpers; Felsen bezeugen die schuldbewußten Äußerungen eines Mannes, usw. Eine Landschaft zu malen, heißt daher, ein Porträt des Menschen anzufertigen; nicht mehr das von allem abgeschnittene Porträt einer isolierten Person, sondern eines Wesens, das mit den grundlegenden Bewegungen des Universums verbunden ist. Was es ausdrückt, ist die Seinsweise des Menschen: seine Haltung, seine Gangart, seinen Rhythmus, seinen Geist... Die Kontraste und Wechselwirkungen zwischen den sichtbaren Elementen des Gemäldes sind die Zustände des Menschen selbst: seine Schrecken, seine Freuden, seine Energie, seine Widersprüche, seine ausgelebten oder ungestillten Begierden. Immer noch mit Blick auf die Landschaft sollten wir hinzufügen, daß chinesische Maler bei der Darstellung von Berggruppen, Felsen oder Bäumen besonders auf die „moralischen" Beziehungen zwischen den Bergen achten (deren jede eine persönliche Haltung oder Geste verkörpert) – Beziehungen von Verehrung oder Feindschaft, Harmonie oder Spannung... Der Betrachter begreift diese Beziehungen ein wenig in der Art, in der ein abendländischer Betrachter die Beziehungen erfaßt, denen zufolge zum Beispiel die Personen in einem Fresko des Piero della Francesca angeordnet sind.

In Anbetracht des eben Gesagten könnte man, in grober Vereinfachung, folgenden Befund betonen: während in der klassischen abendländischen Malerei die menschliche Figur dominiert, die in den Augen des Malers ausreichend ist, um die ganze Schönheit der Welt darzustellen, bevorzugen chinesische Maler seit dem neunten oder zehnten Jahrhundert die Landschaft, die ihnen, weil sie das Geheimnis der Natur offenbart, geeignet erscheint, gleichzeitig die Träume und die tiefsten Charakterzüge des Menschen auszudrücken.[8] Shitao hat das Thema der qualitativen Entsprechungen zwischen Mensch und Natur, das wir im Verlauf dieses Kapitels verfolgt haben, in einer besonders beredten Passage des letzten Kapitels seines Werkes behandelt:

> *Seine Qualitäten annehmen* (Kapitel XVIII): In den Bergen offenbaren sich die unendlichen Qualitäten des Himmels: die Würde, durch die der Berg seine Masse erhält; der Geist, durch den er seine Seele sichtbar werden läßt; die Kreativität, mit der er seine wechselnden Trugbilder verwirklicht; die Tugend, die seine Domäne ist; die Bewegung, die seine kontrastreichen Linien beseelt; das Schweigen, das der Berg in seinem Innern verbirgt; der Anstand, der in seinen Kurven und Neigungen zum Ausdruck kommt; die Harmonie, die er in seinen Wegen und Umwegen verwirklicht; die vorsichtige Zurückhaltung, die er in seinen Felsenbuchten einschließt; die Weisheit, die er in seiner beseelten Leere enthüllt; die Verfeinerung, die sich in seiner reinen Anmut zeigt; die Tapferkeit, die der Berg in seinen Falten und Vorsprüngen ausdrückt; die Kühnheit, die sich in seinen furchtbaren Abgründen zeigt; die Erhabenheit, durch die er machtvoll herrscht; die Unermeßlichkeit, die er in seinem klobigen Chaos offenbart; und die Zierlichkeit, die er in seiner niedrigeren Umgebung entdeckt. Alle diese Qualitäten kann der Berg nur insofern ins Werk setzen, als der Himmel ihn mit diesen Gaben ausgestattet hat; sie sind ihm einzig und allein zu dem Zweck gegeben, den Himmel zu

8 Erinnern wir außerdem daran, daß die Personenmalerei eine wichtige Kategorie der chinesischen Malerei ist, insbesondere in der religiösen Malerei, in der Darstellung von Budhhas, Heiligen, Göttern und Dämonen.

bereichern. In der gleichen Weise verwirklicht der Mensch die Qualitäten, mit denen der Himmel ihn ausgestattet hat. Dabei handelt es sich um ganz eigene Qualitäten, die sich von denen, mit denen der Berg versehen ist, unterscheiden. Daraus läßt sich folgendes ableiten: der Berg verwirklicht die ihm eigenen Qualitäten, und diese ließen sich nicht verwirklichen, wenn sie vom Berg anderswohin übertragen würden. Entsprechend ist auch der tugendhafte Mensch nicht auf eine ihm von außen übertragene Tugend angewiesen, um sich an den Bergen erfreuen zu können. Wenn der Berg solche Qualitäten besitzt, wie könnten sie dem Wasser fehlen? Das Wasser entbehrt weder Tatkraft noch Qualitäten. Für das Wasser gilt: durch die Tugend bildet es die Unermeßlichkeit der Meere und die Ausdehnung der Seen; durch die Rechtlichkeit findet es zu beflissener Bescheidenheit und Übereinstimmung mit dem Anstand; durch das Tao zieht es rastlos seine Gezeiten; durch die Kühnheit bahnt es sich seinen entschiedenen Weg und bezieht es seinen stürmischen Schwung; durch die Regel beruhigt es seine Strudel zum Gleichklang; durch die Durchdringung verwirklicht es seine ferne Fülle und seine allgemeine Vollendung; durch die Beständigkeit richtet es seinen Lauf unfehlbar nach Osten aus. Würde das Wasser, dessen Qualitäten sich auf diese Weise in den Wogen des Meeres und den Tiefen der Buchten sichtbar zeigen, sein Verhalten nicht an ihnen ausrichten, wie könnte es alle Landschaften umschließen und die Erde mit seinen Arterien durchziehen? Was allein durch den Berg und nicht auch durch das Wasser wirksam würde, wäre wie etwas, das inmitten des Meeres eingeschlossen ist, ohne die Uferböschung zu erahnen oder wie ein Fluß, der nichts von der Existenz des Meeres wüßte. So weiß der einsichtige Mensch um das Ufer und läßt sich zugleich von der Strömung mitreißen; er lauscht nach den Quellen und labt sich am Wasserrand.

Kapitel 9

Letztlich geht es also um den Menschen. Durch die malerische Praxis sucht der Mensch seine Einheit und bemächtigt sich der Wirklichkeit, denn er kann nur dann Erfüllung finden, wenn er die ihm mitgegebenen Tugenden des Himmels und der Erde vervollkommnet. Das Ideal, nach dem die chinesische Malerei strebt, ist eine Art von Totalität: eine Ganzheit sowohl des Menschen als auch des Universums, einander verpflichtet und in Wahrheit eins.

Mit seiner Auffassung vom Menschen und der ihm aufgegebenen Bestimmung, welche in den oben zitierten Passagen ihre Bestätigung findet, schließt Shitao an die erhabensten Reflexionen der chinesischen Philosophie an. Obgleich sein Denken wesentlich vom Taoismus und der chan-buddhistischen Spiritualität inspiriert ist, schließt er die besten Elemente des Konfuzianismus keineswegs aus (in diesem Sinne sind seine *Bemerkungen* vom Anfang des 18. Jahrhunderts, wie gesagt, als eine bedeutende Synthese zu verstehen, die eine Philosophie des Lebens entwirft), insbesondere die folgenden Ideen, die schon bei Dong Zhongshu – „Der Himmel gibt, die Erde empfängt und läßt wachsen, der Mensch vollendet“ –, und im *Zhongyong*, dem Buch vom „Einhalten der Mitte“, ausgedrückt sind: „Nur ein Mensch, der vollständig eins mit sich und rückhaltlos aufrichtig ist, kann seine Natur bis zur Neige ausschöpfen… Die Natur der

Wesen und Dinge bis zur Neige auszuschöpfen, heißt, eine Dreiheit mit dem schöpferischen und verwandelnden Wirken von Himmel und Erde zu bilden."

Shitao selbst schreibt:

> *Einklang mit der Kalligraphie* (Kapitel XVII): Der Himmel gibt dem Menschen die Regel ein, aber er kann ihn nicht mit Erfüllung ausstatten. Der Himmel schenkt dem Menschen die Malerei, doch kann er ihm nicht die malerische Kreation vorgeben. Wenn der Mensch die Regel losläßt, um allein nach Erfüllung zu streben, wenn er das Prinzip der Malerei vernachlässigt, um unmittelbar schöpferisch tätig zu werden, dann ist der Himmel nicht länger in ihm. Er mag schön malen und kalligraphieren, doch wird sein Werk keinen Bestand haben.
>
> *Pinsel und Tusche* (Kapitel V): Wenn Berge, Flüße und die Unendlichkeit der Lebewesen dem Menschen ebenfalls ihre Seele offenbaren können, so deshalb, weil der Mensch die Macht zur Bildung und zum Leben besitzt. Wie sonst sollte er mit Pinsel und Tusche eine Wirklichkeit erstehen lassen können, die Fleisch und Knochen, Ausdehnung und Einklang, Substanz und Funktion, Form und Dynamik, Neigung und Balance, Sammlung und Sprunghaftigkeit, geheime Latenz und offenes Hervorsprudeln, stolze Erhebungen, brüske Aufwallungen, spitze Höhen, phantastisch schroffe Anstiege und schwindelerregende Überhänge besitzt und in jeder Einzelheit die Totalität seiner Seele und die Fülle seines Geistes zum Ausdruck bringt?

Wir begegnen hier einer ganzheitlichen Auffassung des Universums, die gleichwohl auch die innere und dialektische Beziehung zwischen Mensch und Natur andeutet. Die Natur in ihrer Virtualität offenbart dem Menschen seine eigene Natur und erlaubt ihm, sich zu überwinden; indem der Mensch sich vervollkommnet, erlaubt er seinerseits der Natur ihre Erfüllung zu finden. Wie schon das (oben zitierte) *Einhalten der Mitte* bestätigt, kann der Mensch seine Natur nur dann völlig erfüllen, wenn er die Natur der Wesen und Dinge bis zur Neige ausschöpft. Für Shitao ist die Verwirklichung dieser Natur (*xing*) selbstverständlich engstens mit der Praxis der Malerei verbunden. Letztere ist ein Weg, der wie kein anderer zur Erfüllung all dessen führt, was virtuell lebendig ist. Mehr noch als ein Mittel des Ausdrucks und der Erkenntnis ist die Malerei eine fundamentale Seinsweise. Ist nicht die Empfänglichkeit eine der Grundideen der Philosophie Shitaos? Ihm zufolge ist es allein die Empfänglichkeit, im Sinne einer dem Menschen angeborenen Kapazität, das Wesen der Dinge zu erfassen, die die menschliche Natur unversehrt bewahrt und vollständig aufblühen läßt.

> *Die Empfänglichkeit verehren* (Kapitel IV): Was Empfänglichkeit und Erkenntnis angeht, so kommt erst die Empfänglichkeit und dann die Erkenntnis; eine Empfänglichkeit, die der Erkenntnis nachfolgte, wäre keine wahrhaftige Empfänglichkeit. Vom Altertum bis in unsere Tage haben sich die bedeutendsten Geister stets ihrer Kenntnisse bedient, um ihre Wahrnehmungen auszudrücken, und sich umgekehrt bemüht, ihre Wahrnehmungen zu vergeistigen, um ihre Kenntnisse zu erweitern. Wenn sie sich immer nur jeweils einem Problem mit dem gleichen Geschick widmen konnten, so deshalb, weil sie sich unverwandt auf eine gefesselte Empfänglichkeit und eine beschränkte Erkenntnis gestützt haben; man muß daher beide erweitern und entfalten, bevor man das Maß des Einen Pinselstrichs erfassen kann. In Wirklichkeit umfängt der Eine Pinselstrich die Allgemeinheit der Wesen. Die Malerei geht aus der Aufnahme der Tu-

sche hervor; die Tusche aus der Aufnahme des Pinsels; der Pinsel aus der Aufnahme der Hand; die Hand aus der Aufnahme des Geistes: genau wie in dem Prozeß, der bewirkt, daß der Himmel all das umschließt, was die Erde anschließend vervollkommnet, ist auch in der Malerei alles das Ergebnis einer Aufnahme. Für den Menschen ist daher das wichtigste, daß er zu verehren weiß: wer unfähig ist, das zu verehren, was ihm durch die Wahrnehmung gegeben ist, verschwendet sich selbst in reinem Verlust, genauso wie der, der die Gabe der Malerei empfangen hat, aber es unterläßt, sie auszuführen, sich selbst zur Unfähigkeit reduziert. O Empfänglichkeit! Wie man Dich in der Malerei verehrt und bewahrt, mit aller Kraft ins Werk setzt, ohne Fehl und ohne Rast. Schon im *Buch der Wandlung* heißt es: „Nach dem Vorbild des kraftvollen und regelmäßigen Laufs des Kosmos arbeitet der Edle an sich ohne Unterlaß." Und genau dadurch ehrt man die Empfänglichkeit wahrhaftig.

Enden wird der Mensch freilich damit, in seinem Werk aufzugehen, denn das ist der Ort, wo er sich wahrhaftig überwindet, wo er an der Vollendung der Schöpfung teilnimmt.

Seine Qualitäten annehmen (Kapitel XVIII): Das Werk ist nicht im Pinsel enthalten, und daher kann es übertragen werden; es ist nicht in der Tusche enthalten, und deshalb kann es wahrgenommen werden; es ist nicht im Wasser enthalten, und daher kann es Bewegung ausdrücken; es ist nicht im Altertum enthalten, und daher ist es grenzenlos; es ist nicht in der Gegenwart enthalten, und daher ist es frei von Scheuklappen. Wenn die Abfolge der Zeitalter sich geordnet vollzieht und Pinsel und Tusche sich in ihrer Beständigkeit erhalten, so deshalb, weil sie von diesem Werk ganz und gar durchdrungen sind. In Wahrheit besteht dieses Werk im Prinzip der Disziplin und des Lebens: durch die Einheit die Vielheit beherrschen; ausgehend von der Vielheit die Einheit meistern. Das Werk hält sich weder an den Berg oder das Wasser, den Pinsel oder die Tusche, die Alten oder unsere Zeitgenossen, noch an die Heiligen. Es ist das Wahre Werk, das sich auf seine ureigentliche Substanz gründet.

Kapitel 10

Kommen wir auf Shitaos Werk oder auf Shitao selbst zurück, so wie er sich in seinem Werk offenbart. Wenn er „das Geheimnis von Berg und Wasser" leidenschaftlich ergründet hat, so ist er in der Nachempfindung dieses Geheimnisses ganz und gar im Strich aufgegangen. Sein Werk ist eine Projektion von Träumen und Begierden, die gleichermaßen aus seinem Unbewußten wie aus einem beherrschten Rhythmus hervorgegangen sind, aus seiner tiefsten fleischlichen und spirituellen Natur.

Yinyun (Kapitel VII): Inmitten des Meeres von Tusche lege Deinen Geist entschieden fest; an der Spitze des Pinsels laß das Leben sich behaupten und zum Vorschein kommen; auf der Oberfläche des Bildes bewirke Metamorphosen, auf daß sich im Herzen des Chaos Licht einniste und von dort herausquelle! An diesem Punkt, wo Pinsel, Tusche und Malerei, wo alles sich aufhebt, verbleibt nurmehr das Ich, für sich und aus sich selbst heraus existierend. Denn ich bin es, der sich mit dem Mittel der Tusche ausdrückt; von sich aus ist die Tusche nicht ausdrucksvoll; ich bin es, der mit dem Pinsel Striche zieht; der Pinsel zieht die Striche nicht von selbst. Ich bin es, der mit meiner Kreation niederkommt; denn sie kann sich nicht selbst hervorbringen.

Die Landschaft (Kapitel VIII): Ich bin im Besitz des Einen Pinselstrichs und deshalb kann ich die Form und den Geist der Landschaft erfassen. Vor fünfzig Jahren bestand noch keine Beziehung zwischen meinem Ich und den Bergen und Flüßen. Zwar hielt ich sie nicht für zu vernachlässigende Größen, doch habe ich sie lediglich für sich selbst existieren lassen. Inzwischen haben mich Berge und Flüße mit dem Auftrag betraut, für sie zu sprechen; sie werden in mir geboren und ich in ihnen. Rastlos habe ich nach außergewöhnlichen Gipfeln gesucht, von denen ich Skizzen angefertigt habe; Berge und Flüße sind sich mit meinem Geist begegnet, und dabei hat sich ihr Abdruck so verwandelt, daß sie letztlich auf mich, Dadi, hinauslaufen.

Es sind uns von Shitao mehrere Selbstporträts und einige Gedichte erhalten, in denen er sich beschreibt. Wir präsentieren zwei dieser Selbstporträts (Tafeln I und II). Das erste ist ein einheitliches und fertiges Bild. Es zeigt uns einen Menschen (im Alter von 33 Jahren) in eleganter Haltung, mit durchdringendem Blick, begabt mit einer klaren Sicht seiner selbst, die allerdings einer gewissen Selbstzufriedenheit nicht entbehrt. Das zweite zeigt ihn in fortgeschrittenem Alter, mit einem menschenscheuen, beinahe verstörten Ausdruck, der durch die Trockenheit der Striche noch betont wird.

Die Gedichte und Aufschriften auf diesen Bildern offenbaren ebenfalls eine Persönlichkeit mit vielschichtigen Facetten, die Intelligenz mit einer lebhaften Empfindsamkeit und einen unruhigen Geist mit Ungezwungenheit verbindet.

In der Vergangenheit, so wird gesagt, hat der Maler Gu Kaizhi die dreifache Perfektion erreicht. Ich für meinen Teil erreiche die dreifache Verrücktheit: selbst verückt, sind verrückt auch meine Sprache und meine Malerei. Nun suche ich nach dem Weg, die wahre Verrücktheit zu erreichen.

Mit dem „entblößten“ Pinsel in der Hand, lache ich über Dich. Plötzlich fange ich zu tanzen an und stoße dabei überspannte Schreie aus. Diesen Schreien öffnet sich der Himmel, grenzenlos; im Herzen des Himmelsgewölbes glänzt der Mond, eine strahlende Perle, fern und winzig.

Während ich mit meiner Hand spreche, hörst Du mit Deinen Augen zu. Nur wenigen mit gewöhnlichem Verstand ist dies gegeben. Du denkst doch auch so, oder nicht?

Herbst. Nach einer langen Krankheit. Ein Freund bringt dieses Papier und fragt nach einem Gemälde. Mit einem Strich male ich zehn Blätter. Das Papier ist noch zu frisch. In zehn Jahren oder mehr wird es vielleicht der Betrachtung wert sein.

Hier, auf diesem (gemalten) Berg, riecht man das Fleisch, wenn der Tiger vorbeigeht.

Wie ein Löwe, der sich in seiner Wut an den Felsen klammert, ein verdurstendes Pferd, das zur Quelle hinabstürzt, oder ein sich unmittelbar ankündigendes Gewitter, aufgeladen mit blitzenden Wolken, finde ich mich außerhalb der Realität wieder, der Welt entrückt, und konzentriere mich, befreit… Was im Pinsel enthalten ist, meine Gefühle und mein Verlangen, und sich über die Tradition hinwegsetzt, wird gewiß bewirken, daß Kenner mit den Schultern zucken. Ausrufen werden sie: Aber das hat ja mit nichts Ähnlichkeit!

Als ich dieses Gemälde malte, bin ich in dem Maße zum Frühlingsfluß geworden wie ich ihn zeichnete. Die Blumen am Fluß öffneten sich nach dem Ermessen meiner Hand; die Wasser des Flusses strömten im Rhythmus meines Wesens. Im überhängenden Pavillon hoch über dem Fluß rufe ich, mit dem Gemälde in der Hand, den Namen Zimei. Auf meine mit Gelächter vermischten Rufe hin versammeln sich unvermittelt Wellen und Wolken. Während ich das Gemälde von Neuem aufrolle, versenke ich mich in die Ansicht des Göttlichen.

> Ohne Haare und Kappe besitze ich keinen Rückzugsort mehr, an dem ich der Welt entfliehen könnte. Ich werde zu dem Mann im Gemälde, mit der Angelrute in der Hand, umgeben von Wasser und Schilf. Dort, wo Himmel und Erde, ohne Grenzen, nurmehr Eins sind. (Tafel X)

Unermüdlich hat Shitao die Natur in ihren verschiedenen Erscheinungsformen gemalt: Berge, Flüße, Steine, Bäume, Obst und Gemüse, das wechselnde Licht der Jahreszeiten, usw. Dennoch sollten wir das Element hervorheben, das ihn am meisten umtreibt, ja von dem er geradezu besessen ist: die Blumen. Durch sie offenbart er das Verlangen, sich an bestimmte mythische Figuren anzuschließen, und damit seine Nostalgie für eine ursprüngliche Welt. Denn die sinnbildliche Darstellung der Elemente in der Natur, so wie sie in der chinesischen Dichtung und Malerei praktiziert wird, hat die Funktion, dem Menschen zu erlauben, einen Spiegel seiner selbst zu finden und sich zugleich in Richtung auf jenes andere zu bewegen, das sein Geheimnis ausmacht. Unter allen Blumen, die Shitao gemalt hat (Narzissen, Pfingstrosen, Chrysanthemen, Orchideen, Lotusse...), sind es ohne Zweifel die Pflaumenblüten, die in seiner Vorstellungskraft den wichtigsten Platz eingenommen haben. Unaufhörlich kommt er auf diese gleichermaßen zarten wie leidenschaftlichen, ebenso empfindlichen wie widerstandsfähigen Blumen zurück, die, weil sie auch mitten im Schnee blühen, zudem die Reinheit symbolisieren. Sie scheinen seine zitternde Empfindsamkeit und auf eine noch subtilere Art und Weise auch seine geheime Sinnlichkeit zu verkörpern. Er identifiziert sich so stark mit diesen Blumen, daß er nicht zögert, sich „Einsiedler bei den Pflaumenblüten" nennen zu lassen. Man könnte sagen, daß die ständige Infragestellung seiner Identität, ja sogar seines Geschlechts, in diesen Blumen ihr intimes Echo findet. Bezaubert von blühenden Pflaumenzweigen in der verschneiten Landschaft um Nanjing malte Shitao 1685, im Alter von 44 Jahren, ein langes Rollbild und komponierte aus dem gleichen Anlaß neun Gedichte mit dem Titel „Oden an die Pflaumenblüten". Diese Gedichte, die mit mythischen Bildern und persönlichen Anspielungen aufgeladen sind, sind schwer in eine andere Sprache zu übertragen. Wir wollen zwei von ihnen in einer fast wörtlichen Übersetzung wiedergeben, die die Zweideutigkeit des Originals bewahrt:

> Das von duftendem Schnee bedeckte Studio öffnet sich im dichten Nebel. Uneingeschränkt und ohne Hindernis befreit sich der menschliche Blick. In der zweiten Stunde der Nacht, bei Aufgang des Mondes, streifen Zweige die Tür. Einige Perlen entschleiern sich; ihre Schatten streichen über die Treppe. Zögernd zwischen Sessel und Bett will das Gedicht nicht reifen. Eingemummelt in Pelze und Decken versinkt der Mensch im Traum. Plötzlich zerreißt Glockenklang den Dunst der Dämmerung. Der Wunsch, am Grund der blühenden Schlucht verscharrt zu sein.
>
> Vergeblich versuchen Rauhreif und Schnee die Zweige abzufrieren, doch bringen sie ihre verborgenen Begierden zum Vorschein. Knorrige Stämme, aufgerichtete Zweige, poliert von den Jahren. Das Herz der Leere holt unvordenkliche Zeiten ein. Bezaubert verwechselt der Mensch rostiges Eisen mit pulsierendem Fleisch. Geblendet von tausend in früheren Zeiten vom Himmel gefallenen Gemmen. Wie sollte man die hervorbrechenden Schreie unterdrücken: Mensch und Blume sind Teil desselben Irrsinns!

Shitao sollte seine Leidenschaft für Pflaumenblüten bis an sein Lebensende bewahren. Im Jahr 1706, im Alter von 65 Jahren, schrieb er:

> Die Furcht, die Blumen im Spiegel anderer zu betrachten. Irrlichterndes Leben, Gedanken bis ins Unendliche ausgedehnt. Was sollte man sich zwischen eingetrockneter Tusche und entblößtem Pinsel noch wünschen? Auf dem endlosen Weg klagt der Reisende ohne Unterlaß... Als die Sonne hinter der Stadtmauer untergeht, rufen in der Ferne die Hörner zur Jagd. Könnte ich die blühenden Pflaumenzweige doch mit meinen Armen umfangen; ich, der ich nichts mehr besitze außer meinem weißen Haar.

Das letzte Bild, das wir aus dem Werk des Shitao herausgreifen wollen, ist eine konfuse und pathetische Szene (Tafel XVIII), ganz aus Tupfen und Punkten, die gewaltsam geöffneten oder in der Luft herumgeworfenen Blütenblättern gleichen oder auch alles mitreißenden „Wolken aus Stein". Wenn bei einem Maler der Strich auf einen Punkt hinausläuft, kommt man dem Geheimnis der Versuchung nahe, die vom zersplitterten Strich, oder sogar dem Nicht-Strich, ausgeht. Der Nicht-Strich ist sin der Formulierung des bedeutenden modernen Malers Huang Binhong das Samenkorn: „Jeder Punkt muß ein Samenkorn sein, das unaufhörlich neues Aufblühen verspricht."

Hören wir hierzu noch einmal Shitao:

> Wenn die Alten Blätter von Bäumen zeichneten und die Punkte, mit denen sie gespickt waren, dann unterschieden sie zwischen dunkler und konzentrierter Tusche; als Vorbilder schlugen sie entweder die Formen von Schriftzeichen wie 分, 个, 一, 品, oder 厶: vor; die Blätter von Platanen, Pinien, Lärchen und Weiden; oder auch fallende und schräge Blätter, Blättergruppen, usw. Dies alles, um die Schattierungen und die zitternde Erscheinung des Waldes und der Ber-

ge nachzuempfinden. Ich mache mich auf andere Weise ans Werk. Was die Punkte angeht, so unterscheide ich, je nach Jahreszeit, zwischen Regen, Schnee, Wind und Sonne und, je nach Umständen, Umgebung und Ort, zwischen Yin und Yang. Denn die Punkte leben und sind von unendlicher Vielfalt! Es gibt solche, die von Wasser oder Tusche durchtränkt und von einem einzigen Hauch durchzogen sind; andere, die wie Knospen geschlossen oder verzweigt sind, als seien sie aus feinem Garn gewoben; dann wieder solche, die weit und leer, trocken und schal sind; solche, die zwischen Tusche und Nicht-Tusche zaudern; „fliegendes Weiß“, das wie Dunst erscheint; und schließlich solche, die einen glatten oder durchsichtigen Anschein darbieten, oder wie Lackfirnis gebrannt sind. Zwei Punkte verbleiben (ein Wortspiel auch im Chinesischen), die niemals offenbar werden: der Punkt, weder Himmel noch Erde, der sich schlagartig in einem Blitz entlädt, und der leuchtende, unsichtbare Punkt, der inmitten von tausend Felsen und zehntausend Grotten mit dem Geheimnis aufgeladen ist. Die wahre Regel hat keine feste Ausrichtung; die Punkte formen sich nach dem Ermessen des Atems![9]

9 Diese Bemerkung des Malers ließe sich noch besser anhand seines berühmten Gemäldes “Zehntausend Spritzer” (Museum Suzhou, China) veranschaulichen, dessen blitzartige gestische Bewegung die moderne abstrakte Malerei vorwegnimmt.

Literaturverzeichnis

A. Werke in westlichen Sprachen

Acker, William, *Some T'ang and pre-T'ang Texts on Chinese Painting*, Leiden, Brill, 1954.

Beurdeley, Michel, *The Chinese Collector Through the Centuries*, Rutland, Charles E. Tuttle, 1966.

Bush, Susan, *The Chinese Literati on Painting: Su Shih to Tung Ch'i-ch'ang*, Cambridge/Mass., Harvard Yenching Institute Studies, 1971.

Bussagli, Mario, *Chinese Painting, London, Paul Hamlyn*, 1969.

Cahill, James, *Chinese Painting*, Genf, Albert Skira, 1969.
— *Hills Beyond a Rive: Chinese Painting of the Yuan Dynasty*, New York, Weatherhill, 1976.

Cheng, François, *L'Écriture poétique chinoise*, suivi d'une *Anthologies des poèmes des T'ang*, Paris, Éd. Seuil, 1977.

Cohn, William, *Peinture chinoise*, London, Phaidon, 1948.

Contag, Victoria, *Chinesische Landschaften*, Baden-Baden, W. Klein, 1955.
— *Konfuzianische Bildung*, Zürich, Artemis, 1964.

Damisch, Hubert, *La Théorie du nuage*, Paris, Éd. Seuil, 1964.

Dictionary of Ming Biography, New York, Columbia University Press, 1964.

Eliseeff, Danièle und Vadime, *La civilisation de la Chine classique*, Paris, Arthaud, 1979.

Fourcade, François, *Le Musée de Pékin*, Paris, Éd. Cercle d'Art, 1964.

Franke, Herbert, *Sung Biographies: Painters*, Wiesbaden, Franz Steiner, 1976.

Fu, Marilyn und Shen, *Studies in Connoisseurship*, Princeton, Princeton University Press, 1973.

Granet, Marcel, *La Pensée chinoise*, Paris, Albin Michel, 1968 (dt. *Das chinesische Denken: Inhalt, Form, Charakter*, übersetzt von Manfred Porkert, Frankfurt am Main, Suhrkamp, 1985).

Gulik, R. H. Van, *Chinese Pictorial Art*, Rom, Istituto italiano per il medio ed estremo oriente, 1958.

Kan, Diana, *The How and Why of Chinese* Painting, New York, Van Nostrand Reinhold, 1974.

Lao-tse, *TaoTê-King. Das Heilige Buch vom Weg und von der Tugend*, übersetzt von Günther Debon, Stuttgart, Reclam, 1979.

Larre, Claude, *Tao Te King* de Lao Tsu, Paris, Desclée de Brouwer, 1977 (Übersetzung).

Lee, Sherman E. und Wai-ham Ho, *Chinese Art Under the Mongols : The Yüan Dynasty*, Cleveland, Cleveland Museum of Art, 1968.

Leymarie, Jean, *Zao Wou-ki*, Paris, Éd. Cercle d'Art, 1979.

Lin Yu-t'ang, *The Chinese Theory of Art*, London, Heinemann, 1967.

Liou Kia-hway, *L'Œuvre complète de Tchouang-tseu*, Paris, Gallimard, 1986.

Lowton, Thomas, *Chinese Figure Painting*, Washington, D.C., Freer Gallery of Art, 1973.

March, Benjamin, *Some Technical Terms of Chinese Painting,* Baltimore, Waverly Press, 1935.

Matisse, Henri, *Écrits sur la peinture*, Paris, Hermann, 1972.

The Painting of Tao-chi. Catalogue of an Exhibition Held at the Museum of Art, Ann Arbor, University of Michigan, 1967.

Petrucci, Raphaël, *Encyclopédie de la peinture chinoise*, Paris, Henri Laurens, 1918.
— *Les Peintres chinois*, Paris, Henri Laurens, 1912.

Pleynet, Marcelin, *Système de la peinture chinoise*, Paris, Éd. Seuil, 1977.

Rowley, George, *Principles of Chinese Painting*, Princeton, Princeton University Press, 1947.

Ryckmans, Pierre, *Les Propos sur la peinture de Shitao*, Brüssel, Institut Belge des Hautes Études Chinoises, 1970 (Übersetzung und Kommentar).

Siren, Oswald, *Histoire de la peinture chinoise*, Paris, Éditions d'art et d'histoire, 1935.

Sullivan, Michael, *The Three Perfections: Chinese Painting, Poetry and Calligraphy*, London, Thames & Hudson, 1974.

Swann, Peter C., *La Peinture chinoise*, Paris, Gallimard, 1958.

Sze Mai-mai, *The Tao of Painting*, New York, Bollingen Foundation, 1963.

T'Serstevens, Michèle, *L'art chinois*, Paris, Massin, 1969.

Vanderstappen, Harrie A. (Hrsg.), *The T. L. Yuan Bibliography of Western Writings on Chinese Art and Archeology*, London, Mansell, 1975.

Vandier-Nicolas, Nicole, *Art et Sagesse en Chine: Mi Fou*, Paris, P.U.F., 1963.

Waley, Arthur, *An Introduction to the Study of Chinese Painting*, London, E. Benn, 1958.

Walmsley, Lewis C. und Dorothy B., *Wang Wei, the Painter-Poet*, Rutland, Charles E. Tuttle, 1968.

Wen Fong, *Sung and Yüan Paintings*, New York, Metropolitan Museum of Art, 1973.

Yoshiho Yonezawa und Michiaki Kawakita, *Arts of China*, Tokyo, Kodansha International, 1970.

B. Chinesische Werke

(Aufgenommen sind nur im Text erwähnte Titel.)

Deng Shi, *Meishu congshu* 美術叢書, Shanghai, Shenzhou guoguang she, 1923.

Fu Baoshi, *Shitao shangren nianpu* 石濤上人年譜, Nanjing, Jinghu zhoukan she, 1948.

Guo Ruoxu, *Tuhua jianwen zhi* 圖畫見聞志, Shanghai, Renmin meishu chubanshe, 1964.

Huang Binhong, *Huayulu* 畫語錄, Shanghai, Renmin meishu chubanshe, 1963.

Shen Zicheng, *Lidai lunhua mingzhu huibian* 歷代論畫名著匯編, Beijing, Wenwu chubanshe, 1982.

Shitao, *Dadizi tihua shi ba* 大滌子題畫詩跋, *Meishu congshu* III, 10.

Tang Hou, *Huajian* 畫鑑, *Meishu congshu* III, 2.

Wang Gai, *Jieziyuan huazhuan* 芥子園畫傳, Shanghai, Shijie shuju, 1934.

Wang Shizhen, *Wangshi shuhua yuan* 王氏書畫苑, Shanghai, Taidong tushuju, 1922.

Wei Yuan, *Laozi benyi* 老子本義, Taibei, Taiwan Shangwu yinshuguan, 1968.

Wu Chengyan, *Zhongguo hualun* 中國畫論, Taibei, Taiwan shudian, 1965.

Xie He, *Guhua pinlu* 古畫品錄, Beijing, Renmin chubanshe, 1962.

Xuanhe huapu 宣和畫譜, Beijing, Renmin meishu chubanshe, 1964.

Yu Anlan, *Hualun congkan* 畫論叢刊, Beijing, Renmin meishu chubanshe, 1960.

Yu Jianhua, *Zhongguo hualun leibian* 中國畫論類編, Beijing, Zhongguo gudian yishu chubanshe, 1957.

Zhang Yanyuan, *Lidai minghua ji* 歷代名畫記, Ausgabe *Siku quanshu*, Taibei, Shangwu yinshuguan 1968.

Zheng Xie (Banqiao), *Zheng Banqiao ji* 鄭板橋集, Beijing: Zhonghua shuju, 1965.

Verzeichnis der Abbildungen